逃出14号勞改營

從人間煉獄到自由世界的

脫北者傳奇

獻給仍然身陷勞改營中的北韓人

這個國家沒有「人權問題」，因為人人都過著最有尊嚴、最幸福的生活。

——朝鮮中央通訊社，二〇〇九年三月六日

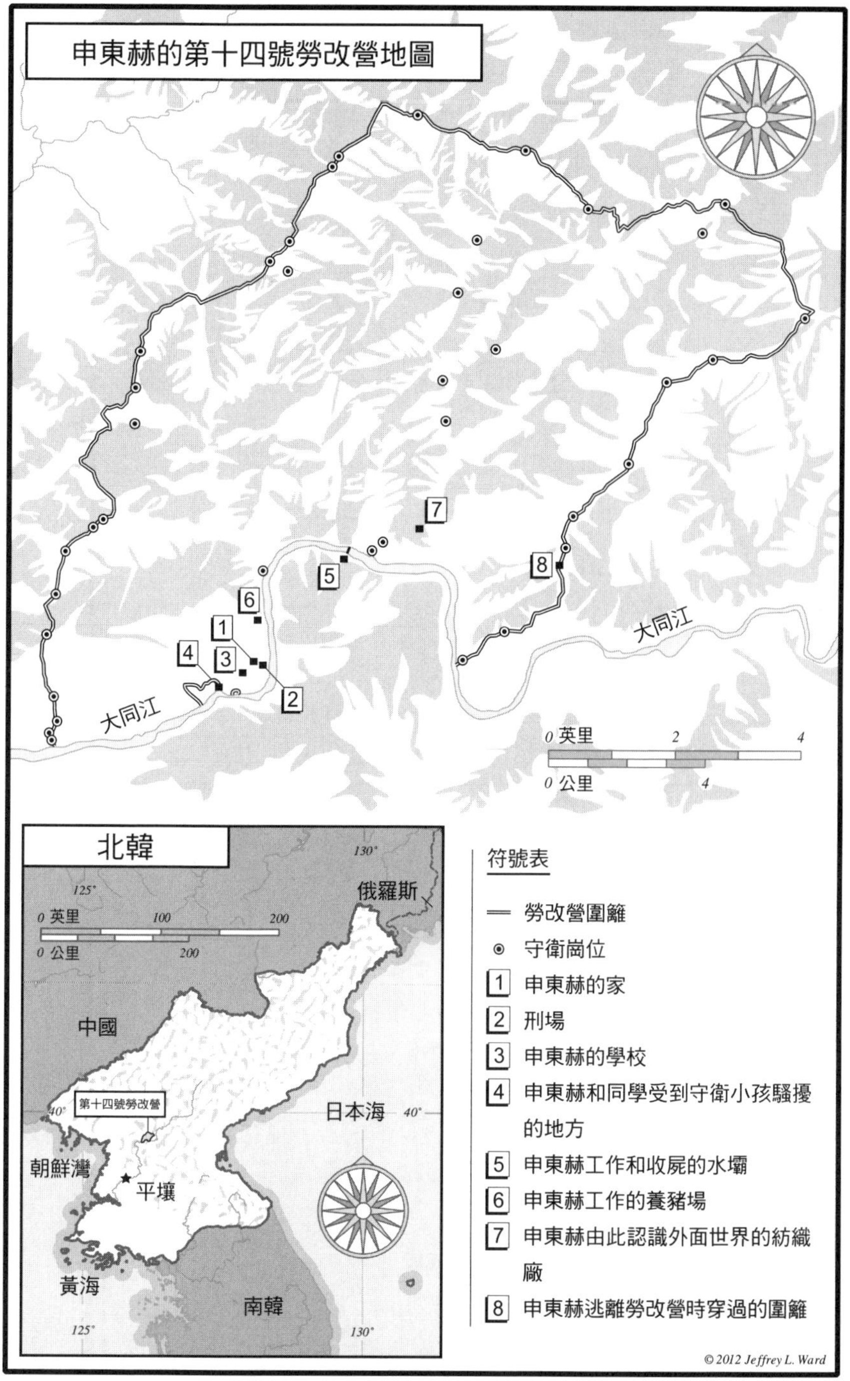
申東赫的第十四號勞改營地圖
大同江
大同江
0 英里 2 4
0 公里 4
1
2
3
4
5
6
7
8
北韓
130°
125°
俄羅斯
0 英里 100 200
0 公里 200
中國
第十四號勞改營
40°
日本海
40°
朝鮮灣
平壤
黃海
南韓
125°
130°
符號表
勞改營圍籬
守衛崗位
1 申東赫的家
2 刑場
3 申東赫的學校
4 申東赫和同學受到守衛小孩騷擾的地方
5 申東赫工作和收屍的水壩
6 申東赫工作的養豬場
7 申東赫由此認識外面世界的紡織廠
8 申東赫逃離勞改營時穿過的圍籬
© 2012 Jeffrey L. Ward

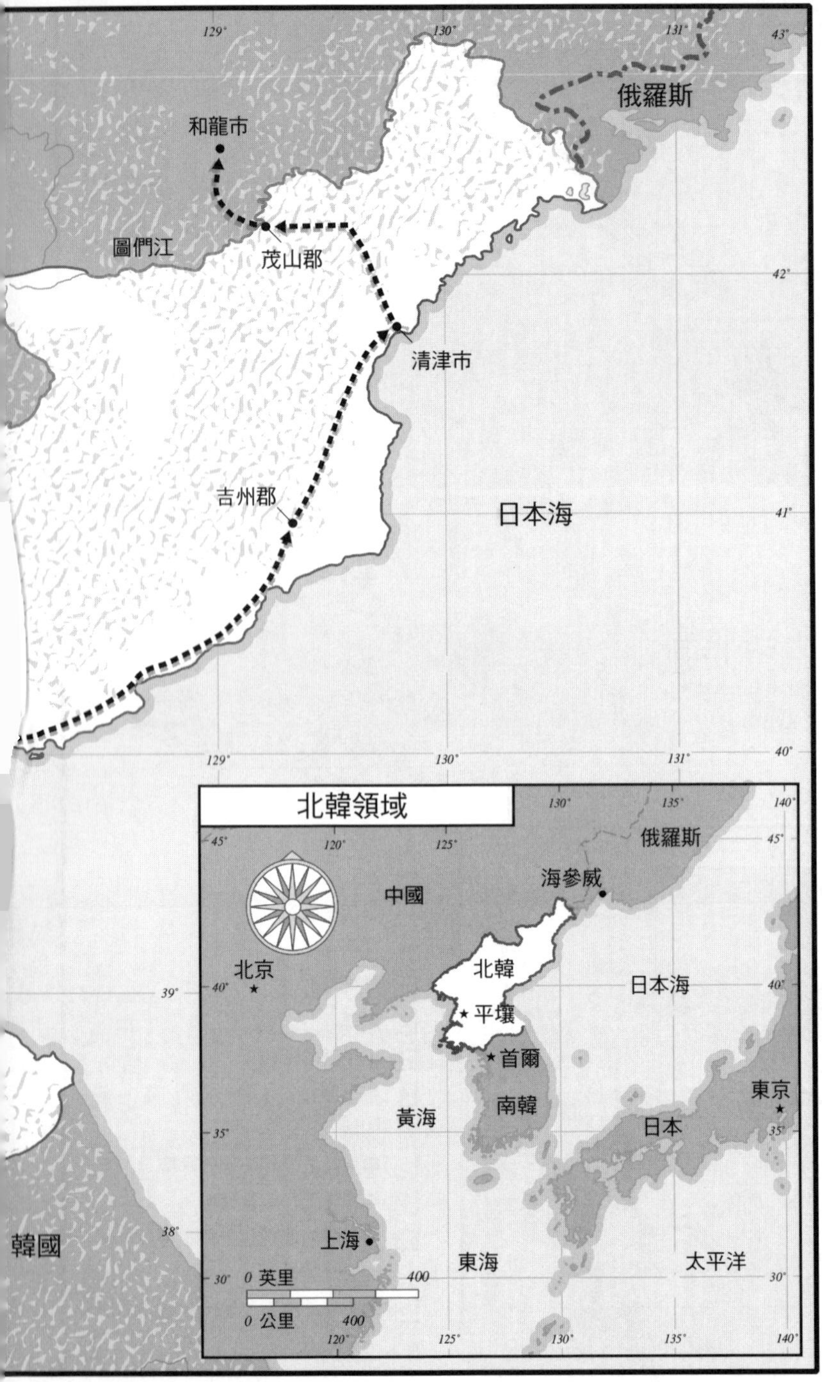

129°
130°
131°
43°
俄羅斯
和龍市
圖們江
茂山郡
42°
清津市
吉州郡
日本海
41°
40°
39°
38°
韓國
北韓領域
130°
135°
140°
45°
120°
125°
俄羅斯
海參威
中國
北京
北韓
日本海
40°
平壤
首爾
南韓
黃海
東京
日本
35°
上海
東海
太平洋
30°
0 英里
400
0 公里
400

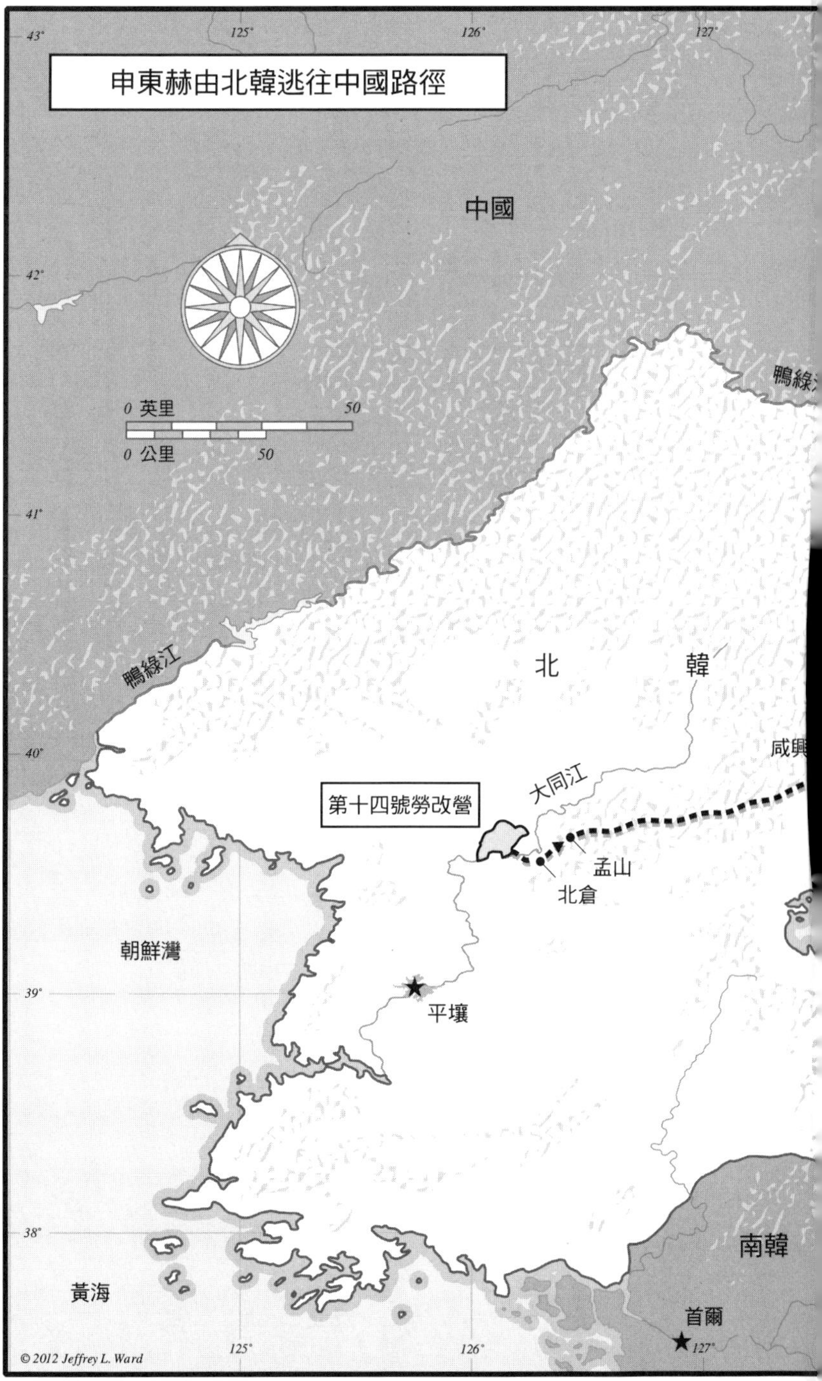
申東赫由北韓逃往中國路徑
中國
0 英里 50
0 公里 50
鴨綠江
北 韓
咸興
大同江
第十四號勞改營
孟山
北倉
朝鮮灣
平壤
南韓
黃海
首爾
43°
42°
41°
40°
39°
38°
125°
126°
127°
© 2012 Jeffrey L. Ward

目次

前言 公開處決的機會教育 013
導論 不曾聽過的愛 017
第一章 吃光母親的午餐 031
第二章 上學的好日子 041
第三章 上流血統 049
第四章 試圖逃走的母親 063
第五章 試圖逃走的母親：第二版 069
第六章 這個賤貨生的不行了 075
第七章 太陽照在老鼠洞上 083
第八章 避開母親的眼睛 089
第九章 賤貨生的反動派兒子 093
第十章 無法辨識的工人 103
第十一章 養豬場的空白 113
第十二章 縫紉機和告密者 121

第十三章　令人著迷的犯人故事　129
第十四章　準備大逃亡　141
第十五章　脫離圍籬　147
第十六章　找到食物與走私　153
第十七章　流浪與等待　163
第十八章　邊界的偷渡客　175
第十九章　中國境內的韓國人　183
第廿章　尋求庇護之路　193
第廿一章　第一張信用卡　203
第廿二章　冷漠的南韓　213
第廿三章　美國是天堂嗎　223
後記　無法逃脫的祖國　235
附錄　十四號勞改營的十誡　245
謝辭　249

前言

公開處決的機會教育

最初的記憶是關於處決。

他與他母親走到靠近大同江的一處麥田，守衛已經聚集了數千名犯人。大批群眾讓男孩感到興奮，他從大人的兩腿之間爬到前排，看見守衛將一個人綁在一根木柱上。

申仁根當時只有四歲，年紀太小，還聽不懂處決之前的談話。在日後多次進行的處決中，他將聽到一位負責監督的守衛告訴群眾，北韓政府已經為即將受死的犯人，提供一個藉著苦役「贖罪」的機會，但是犯人卻拒絕北韓政府的慷慨之舉。為了怕犯人咒罵執行處決的國家，守衛將卵石塞入犯人嘴裡，然後用頭罩蓋住他的頭。

首次目睹處決時，申仁根看著三名守衛瞄準目標就各開三槍。槍聲嚇壞了男孩，讓他不自覺往後傾倒。他趕忙站起來，及時看到守衛鬆開一個軟趴趴、血跡斑斑的屍體。然後，守衛以一條毯子裹住屍體，並拖到一輛推車上。

十四號勞改營是為北韓的政治敵人設立的監獄，除非進行處決，否則不允許兩名以上的囚犯聚集在一起，處決時人人必須到場參觀。勞改營以公開殺人（以及此舉所帶來的恐懼），作為一種機會教育。

申仁根在勞改營的守衛是他的老師，也是他的培育者。他們揀選了他的父母，並教導他凡違反勞改營規則者，都應該受死。在他學校附近的山坡上貼著一個標語：嚴守紀律。男孩默記了勞改營的十條規則，後來他稱這些規則為「十誡」。至今他仍然能夠背出這些規則，而第一條規則就是：「任何逃離者被逮到時，將立即被槍決」。

距離首次目睹處決後十年，他回到相同的田野。守衛再度聚集一大群人，再度將一根木頭敲入地裡，搭建一座臨時絞刑架。

這一回，申仁根坐在一輛守衛所駕駛的車子的後座抵達現場。他戴上手銬，一塊破布做成的遮眼布蒙住他的眼睛。他那同樣戴上手銬、被蒙住雙眼的父親坐在他身旁。

他們在十四號勞改營的地下監獄關了八個月，現在已經獲得釋放，而釋放的一個條件，就是在一些文件上簽名，答應絕不討論他們在地下監獄的遭遇。

在那座監獄中的監獄，守衛曾試圖以嚴刑拷打讓申仁根和他的父親認罪。他們想了解他的母親和唯一的哥哥，如何計畫一次失敗的逃亡。守衛脫掉申仁根的衣服，在他的腳踝及手腕綁上繩索，將他掛在天花板的一個掛鉤上。他們用烈火刑求，當烈焰開始燒傷他的肉時，他昏了過去。

但是，他並不認罪，因為無罪可認。他沒有和母親與哥哥共謀逃亡。他相信打從他在勞改營出生的那一刻起，守衛就教導他的一件事：他絕對逃不出去，而且他必須檢舉那些談論逃離勞改營的人，申仁根甚至作夢也沒有想過外面的生活樣貌。

守衛從來沒有教導他，所有北韓學童所學過的事：美國人是圖謀入侵並羞辱祖國的「混蛋」，而南韓是這個美國主子的「婊子」。北韓是一個偉大的國家，北韓那些勇敢而傑出的領袖，受到全世界的尊崇。的確，他對於南韓、中國或美國的生活一無所知。

和其他同胞不一樣，他不是在無所不在的金正日照片中長大的（他們稱他為「親愛領袖」），也不曾見過金正日的父親金日成的照片或雕像。金日成是創建北韓的「偉大領袖」，儘管他已於一九九四年過世，但他仍然是北韓「永遠的主席」。

雖然申仁根分量不夠，不必接受洗腦，但是，守衛曾要求他檢舉家人和同學。結果他得到食物作為獎賞，並且和守衛一起毆打被他出賣的同學，他的同學後來在背後說盡壞話，最後也將他痛毆一頓。

當一位守衛除去他的蒙眼布，看到群眾、木柱和絞刑架，他相信自己就要被處決了。沒有人將卵石塞入他的嘴裡，他的手銬也被拿走了。一名守衛帶他去到群眾前面，他和他的父親將成為旁觀者。

守衛先將一名中年婦人拉到絞刑架前，再將一名年輕人綁在木頭之上。他們是申仁根的母親和哥哥。

一名守衛拉緊套在他母親脖子上的套索。她想要引起他的注意，但是他的眼睛望向別處。當她在繩索末端不再抽動時，三名守衛便開始朝申仁根的哥哥開槍——每個人三槍。

看著他們死去時，申仁根鬆了一口氣，因為被處決的人不是他。他惱怒媽媽和哥哥計畫逃亡。雖然有十五年時間，他不願向任何人承認，但是他知道，是他一手促成了他們的死亡。

導論

不曾聽過的愛

母親被絞死九年後，申仁根用蠕動的身子穿過電圍籬，越過雪地逃離勞改營。那是在二〇〇五年一月二日，在此之前，從來沒有一個出生在北韓政治監獄勞改營的人，曾經成功逃離這些勞改營。就我們所知，至今申仁根仍然是唯一逃離北韓勞改營的人。

當時他二十三歲，在電圍籬以外，他沒有任何熟人。一個月之內，他步行進入中國；兩年之內，他住在南韓。而四年後，他住在南加州，成為美國人權團體「自由北韓」的一名資深特使。

在加州，他騎腳踏車上班，而且密切留意克里夫蘭印第安人隊的訊息，因為這支球隊有南韓強棒秋信守。一週兩次，他吃連鎖速食店 In-N-Out Burger 的漢堡，因為他認為，那裡的漢堡是全世界最美味的。

現在，他的名字是申東赫。抵達南韓後，他就改了名字，想要將自己重新塑造成一個自由人。他長得很英俊，有一雙敏捷、警覺的眼睛。在勞改營，他不能刷牙，所以一位洛杉磯牙醫幫他治療牙齒。他的整體健康狀況極佳，然而在他的身體裡，我們可以追蹤到他在勞改營成長期間所吃過的種種苦頭，雖然北韓政府堅決否認這些勞改營的存在。

營養不良阻礙了他的正常發育，造成他身材瘦小，身高只有五英尺六英寸（約一六八公分），體重大約也只有一百二十磅（約五十四公斤）。因為從小做苦工，他的手臂有著不自然的彎曲。接受酷刑時，火在他的下背部和臀部留下燒傷的痕跡。而將他固定在火燄上方的掛鉤，在他恥骨上的皮膚留下刺痕。獨自被監禁時，將他倒掛的鐐銬，則在腳踝留下疤痕。他右手中指第一個指關節以上的部位已被砍斷，那是一名守衛給他的懲罰，因為他在勞改營的成衣工廠摔壞了一台縫紉機。帶刺的電圍籬終究無法將他留在十四號勞改營，當他爬過那道圍籬，他的小腿（從腳踝到膝蓋的部位）受到傷害，布滿疤痕。

申東赫和金正恩年紀相當，後者是金正日的第三個兒子，長得圓圓胖胖，他父親於二〇一一年過世後，接替成為北韓領導人。金正恩和申東赫是同一個時代的人，卻各自象徵了北韓恰恰相反的特權階級和被剝奪的階級。表面上，北韓是一個沒有階級劃分的社會，出身和血統卻決定了一切。

金正恩一出生就是一個共產黨王子，在皇宮圍牆後長大。他以化名在瑞士求學，後來回到北韓，就讀於一所以他祖父之名命名的名校。他的出身使他得以不受法律約束，對他而言，天下沒有不可能的事。二〇一〇年，他被任命為朝鮮人民軍四星上將，雖然他完全缺乏野外作戰經驗。過了一年，在他父親死於心臟病突發後，北韓國家媒體稱他是「上天賜下來的另一位領袖」，雖然他可能被迫和親戚及軍事將領，共同在世上實施獨裁統治。

申東赫一出生就是一個奴工，在高壓電帶刺圍籬後長大，從勞改營的學校接受基本的閱讀和算術教育。政府認為他的叔叔和伯伯犯了罪，使得他的血統受到污染，所以他必須受到法律約束。對他而言，沒有什麼事是可能的。國家為他規劃的生涯就是做苦工，以及長期挨餓、生病，然後早死。而這一切都是在沒有控告、審理或上訴的情況下祕密進行的。

集中營的倖存故事有一個傳統情節。部隊將主角從一個溫暖的家庭，從一個舒適的家偷偷帶走。為了生存，這個人會背棄道德原則，壓抑對別人的感覺，不再是一個文明人。

這類故事中最有名的，或許就是諾貝爾文學獎得主埃利．維瑟爾的《夜》。在這個故事裡，十三歲的敘述者描述了他和家人被推入前往納粹集中營的火車之前，他們如何過著正常生活，並藉著這些描述來解釋他所承受的煎熬。維瑟爾每日研讀塔木德經，他的父親擁有一家店，而且是他們位於羅馬尼亞村內的監督人，他的祖父總是來他家慶祝猶太人節日。但是，他全部的家人最後都死於集中營，他「孤孤單單地被遺棄在一個沒有上帝、沒有人、沒有愛或憐憫的世界裡。」

申東赫有不一樣的倖存故事。

他的母親毆打他，而他視她為食物競爭者。守衛一年讓他的父親和母親同睡五晚，這位父親對他不聞不問。他的哥哥是一個陌生人，但他也無法信賴勞改營那些滿口髒話的孩子們。在他學習其他一切之前，他先學會靠著告發每一個人而存活下來。

愛、憐憫和家人是沒有意義的字眼。上帝不是消失了，也不是死了。申東赫根本就沒有聽說過祂。

在《夜》的前言裡，維瑟爾談到，一個青少年應該僅僅從文學作品認識死亡和邪惡，不應在生命中親身體驗死亡和邪惡。在十四號勞改營，申東赫根本不知道文學的存在。他在勞改營只看過一本書，那是他的老師手裡的韓文文法書。他穿著守衛制服，屁股掛著一把左輪手槍。他曾拿著教鞭，將申東赫的一個小學同學活活打死。

和集中營的倖存者不一樣，申東赫不是被帶離文明生活，然後被迫下地獄。他在地獄出生和長大，他接受那地方的價值觀，也把那裡當成他的家。

迄今，北韓勞改營的存在時間是蘇聯古拉格群島的兩倍，納粹集中營的十二倍。這些勞改營的所在地是毋庸置疑的，任何上網的人，都可以從Google Earth查到這些勞改營的高解析度照片，而在這些照片中，我們看到了龐大的建築群以圍籬圍住，散亂地分布在北韓起伏不定的崇山峻嶺之中。

南韓政府估計，這些勞改營大約關著十五萬四千名犯人，但美國國務院和幾個人權團體將數字提高至二十萬人。檢視了十年來所拍攝的勞改營的衛星照片後，國際特赦組織在二〇一一年注意到勞改營內有新的建築物，因而擔心犯人人數正在增加。或許那是為了制止可能爆發的動亂，因為權力已開始從金正日轉移到他那年輕而未經試驗的兒子手中。[1]

根據南韓情報機關和人權團體的估計，北韓有六個勞改營，而最大的勞改營有三十一英里長，二十五英里寬，面積大於洛杉磯。大多數的勞改營都被帶刺的電圍籬圍繞著，其中穿插著守衛瞭望塔，附近也有巡邏的武裝人員。十五和十八號勞改營有改造區，在此，一些幸運的犯人按照金正日和金日成的教導接受糾正教育。如果犯人默記足夠的教導，並讓守衛相信他們的忠誠，他們就可以獲得釋放。但是在有生之年，他們將持續受到國家治安機構的監控。

其餘的勞改營是「完全管制區」，那裡的犯人被稱為「無法改造者」，[2]必須一直工作到死為止。

申東赫所在的十四號勞改營是一個完全管制區，素有最冷酷、最殘暴的勞改營之稱。那裡的工作環境十分惡劣，守衛保持高度警覺，而國家認為犯人罪大惡極，不配獲得饒恕（許多犯人都是從執政黨、政府和軍隊遭到肅清的官員和家屬）。十四號勞改營於一九五九年建造於北韓中部平安道南部的价川縣，據估計，有一萬五千名犯人被關在那裡，而它的長度為三十英里，寬度為十五英里，有農場、礦區和工廠穿插於陡峭的山谷之間。

---

1 Amnesty International, "Images Reveal Scale of North Korean Political Prison Camps," May 3, 2011, http//www.amnesty.org/en/news-and-updates/images-reveal-scale-north-korean-political-prison-camps-2011-05-03.

2 Kang Chol-hwan（姜哲煥）and Pierre Rigoulot, *The Aquariums of Pyongyang* (New York: Basic Books, 2001), 79.

雖然申東赫是唯一在勞改營出生、成功逃出並訴說遭遇的北韓人，但是現在，自由世界至少有其他二十六位從勞改營出來的目擊證人。[3]在這些人當中，至少有十五位曾被關在十五號勞改營的教化區，他們獲得釋放，後來現身在南韓。也有曾在其他勞改營當過守衛的北韓人去到了南韓。金永曾是一名北韓中校，來自平壤的特權階級，在兩個勞改營待了六年後，才藉著一列運煤火車逃出。

首爾的韓國律師協會，根據他們的證詞作了一份摘要，詳細描繪這些勞改營的日常生活。每年都有幾位犯人公開被處決，其他犯人則被守衛活活打死，或私下遭到殺害，因為守衛有權隨意虐待和強姦犯人。大多數的犯人都必須耕作、採煤、縫製軍服，或製造混凝土，同時靠著幾乎讓他們餓死的玉米、包心菜和鹽巴度日。他們的牙齒掉落，牙齦變黑，骨骼脆弱，一到四十歲就駝背。一年只有一、兩次，勞改營會發給他們一套衣服，所以他們總是穿著破爛而骯髒的衣服工作和睡覺。他們沒有肥皂，沒有襪子，沒有戴手套，沒有穿內衣，沒有衛生紙。在工作日，犯人一天必須工作十二至十四個小時，直至死亡為止。而他們的死因常常是營養不良所導致的疾病，死亡年齡通常在五十歲之前。[4]雖然無法取得正確數字，但是西方政府和人權團體估計，有數十萬人在這些勞改營喪命。

---

3 美國北韓人權委員會研究員 David Hawk 訪問過這些證人，包括申東赫。他那定期更新的著作 The Hidden Gulag: Exposing North Korea's Prison Camps（二〇〇三年出版）描述了他們的故事，也刊出這些勞改營的衛星照片。

4 韓國律師協會，「二〇〇八年北韓人權白皮書」（首爾：韓國統一研究院，2008）。

大多數的北韓人都未經司法審判就被送到勞改營，而許多人就在不明指控的情況下死去。波伊布（國家安全局）通常會在夜間將他們從家裡帶走。在北韓，連坐是合法的，犯罪者常常和父母及孩子被關在一起。金日成在一九七二年制定這條法令：「不管是誰，階級敵人的後代必須除盡，直到第三代。」

我第一次見到申東赫是我們在二〇〇八年冬天一起用午餐時。我們在首爾市中心的一家韓國餐廳見面。他話很多，而且很餓，狼吞虎嚥地吃下幾份米飯和牛肉。他邊吃邊告訴我和翻譯員，看著他母親接受絞刑是什麼滋味。他怪母親害他在勞改營飽受毒打，而且特別強調，至今他仍對她感到惱怒。他說他不是一個「好兒子」，但不願解釋原因。

他說住在勞改營時，他沒有聽過「愛」這個字。當然，他也沒有從他母親口中聽過這個字，而他仍然輕視他母親，即使她已經過世了。他曾在南韓的一間教會聽到「饒恕」的觀念，但他感到困惑，因為他說在十四號勞改營，要求饒恕意味著「乞求不受罰」。

他寫了一本有關勞改營的回憶錄，但沒有受到南韓重視。他沒有工作，沒有錢，欠房租，也不確定接下來該做些什麼。十四號勞改營的規則使他不敢和女人發生親密接觸，因為違規者會遭到處決。現在，他想要找一個真正的女朋友，但他說，他不知道該如何跨出第一步。

用完午餐後，他帶我到首爾的一間又小又糟的公寓，一間他租不起的公寓。雖然不願直視我，但他讓我審視他被砍斷的手指以及傷痕累累的背部，並讓我為他拍照。儘管吃了那麼多苦頭，他仍然保有一張稚氣的臉。他二十六歲，已經離開十四號勞改營三年了。

吃那一頓令人難忘的午餐時，我五十六歲，是《華盛頓郵報》駐東北亞的記者。一年多來，我一直在尋找故事來解釋一件事：北韓如何藉由鎮壓以避免瓦解。

政治內爆已經變成我的專長。我以將近三十年的時間，為《華盛頓郵報》和《紐約時報》報導非洲國家的失敗、東歐共產主義的崩解、南斯拉夫的分裂，以及緬甸如何被軍事將領慢慢推入腐敗深淵。以外人眼光來看北韓內部境況，北韓似乎即將面臨我在其他地方所目睹的崩解。事實上，崩解的時機已經成熟，而且太成熟了。在世界其他地方，幾乎人人都在致富，但是北韓人民卻愈來愈與世隔絕，愈來愈貧窮，愈來愈饑餓。

然而，金氏王朝仍然持續壓制北韓，極權主義的鎮壓手段保護了這個癱瘓的國家。

我想要說明北韓政府如何做到這一點，卻缺乏管道。在世界其他地方，採取鎮壓手段的國家不一定能夠封鎖邊界。之前，不論在孟基斯托統治下的衣索匹亞、蒙博托統治下的剛果，或米洛塞維奇統治下的塞爾維亞，我都能夠公開工作。我也曾以觀光客的身分偷偷溜入緬甸，報導這個國家的狀況。

北韓比這些國家謹慎多了，幾乎不讓外國記者（尤其是美國記者）進入。我只去過北韓一次，僅看了看管者讓我看的東西，所以我所知有限。如果非法進入，記者可能被當成間諜，然後被監禁幾個月或幾年。如要獲得釋放，有時就需要前任美國總統助一臂之力。[5]

---

5 美國電視記者蘿拉·林（Laura Ling）和歐娜·李（Euna Lee）於二〇〇九年非法進入北韓後，被關在北韓監獄近五個月。在美國前任總統柯林頓飛往平壤，並和金正日合照後，兩人才獲得釋放。

由於這些限制，大多數有關北韓的報導，都是在遠處進行，顯得十分空洞。記者從首爾、東京或北京寫報導，首先，他們描述平壤最近一次的挑釁行為，例如擊沉一艘船，或者射擊一名遊客。然後，枯燥無味的報導慣例啟動了：美國和南韓官員表達憤慨，中國官員要求節制，而智庫專家說明事件的意義。我寫了太多這類的報導。

然而，申東赫打破了這些慣例。他的生命打開了那扇原本關閉的門，讓外界得以看見金氏家族如何靠著童奴和謀殺支撐下去。我們見面後數天，申東赫動人的照片和駭人聽聞的故事醒目地出現在華盛頓郵報的頭版。

故事刊出後的那個上午，《華盛頓郵報》公司的主席唐納．葛蘭姆發給我一封只有一個「哇」字的電子郵件。同一天，一位德國電影製作人碰巧來參觀華盛頓的納粹大屠殺紀念博物館，而他決定以申東赫的生命故事為題材，拍一部紀錄片。《華盛頓郵報》的一篇社論說，申東赫所忍受的殘酷暴行是駭人的，但是同樣駭人的，是這個世界對於北韓勞改營的存在漠不關心。

這篇社論的結論說：「美國的中學生辯論小羅斯福總統為什麼沒有轟炸通往納粹集中營的鐵路，然而，從現在開始的一個世代，他們的孩子可能會問，為什麼西方世界清清楚楚看到了金正日勞改營的衛星影像，但卻袖手旁觀。」

申東赫的故事似乎深深打動了一般讀者。他們寫信或寄電子郵件，願意為申東赫提供金錢、住處，也願意為他禱告。

一對住在俄亥俄州哥倫布的夫婦讀到了這篇報導，找到了申東赫，然後付錢讓他來到美國。羅威爾和琳達．戴伊告訴申東赫，他從來沒有享受過父愛和母愛，所以他們願意成為他的父母。

讀了這篇報導後，一位住在西雅圖的韓裔美籍女孩哈琳．李希望能夠見申東赫一面。後來，她在南加州找到他，結果兩人相戀了。

我的報導只是蜻蜓點水地描述申東赫的生命故事。我認為，更深入的報導可以揭露北韓執行極權統治的祕密機制，也可藉由申東赫不可思議的逃亡細節，來說明部分壓制機制如何失效，致使一個不諳世故的年輕人，可以在未被察覺的情況下，穿越一個警察國家的邊界，進入中國。同樣重要的是，這個故事的主角是由北韓培育出來的，而北韓培育他的目的，就是讓他工作直到命終。因此，讀了這個故事後，沒有一位讀者可以忽視這些勞改營的存在。

我問申東赫是否有興趣說出自己的故事，他思考了九個月才做出決定。在這段期間，南韓、日本和美國的人權活躍分子都敦促他合作。他們告訴他，一本英文書會讓世人注意勞改營的存在，國際社會進一步對北韓施壓，也許也可以讓他賺進一筆他迫切需要的錢。同意之後，申東赫讓我進行七次訪談，最先是在首爾，接著是在加州的托蘭斯，最後則是在華盛頓州的西雅圖。我和申東赫同意將賺進的錢對分，然而根據我們的協定，我擁有書的撰寫權。

二〇〇六年年初，大約在他逃離北韓一年後，申東赫開始有寫日記的習慣。在首爾，當他因為沮喪而住進醫院，他繼續寫日記，而這本日記就變成他的韓文回憶錄：《逃往外面世界》

的基礎。二〇〇七年，首爾的「北韓人權資料庫中心」出版了這本回憶錄。

這本回憶錄就是我們談話的起點，在這本書裡，許多申東赫在北韓和中國期間，他、他的家人、朋友和監獄守衛所說的話，就是直接摘錄自這本回憶錄。然而本書所描述的一切申東赫的想法和行動，都是根據我對他所作的多次訪談。在這些訪談中，他詳細說明他的韓文回憶錄，並且在許多關鍵點上糾正了這本回憶錄的說法。

雖然願意合作，但是申東赫似乎害怕和我談話。我常常覺得自己就像一個沒有使用麻醉藥，就拿牙鑽鑽牙的牙醫。這項鑽牙工作斷斷續續進行了兩年多。對他而言，我們的部分談話具有宣洩作用，但是許多談話內容則讓他感到沮喪。

他很難信任我，而他自己也承認，他很難信任任何人。就他的成長背景而言，這是必然的。勞改營的守衛教導他出賣父母和朋友，而他理所當然認為，他所遇到的每一個人同樣會出賣他。

寫這本書的過程中，有時我也同樣難以信任他。在我們第一次談到他在母親的死亡過程中所扮演的角色時，他誤導我。而在其他十二次以上的談話中，他照樣誤導我。當他改變說法，我很擔心其他故事也是編出來的。

你無法去北韓查證事實。外人不曾去過北韓的政治監獄勞改營，所以有關勞改營的種種描述，無法獲得獨立的證實。雖然衛星影像大大增加了外界對於這些勞改營的了解，但是，叛逃者仍然是資訊的主要來源，而他們的動機和可信度並非沒有瑕疵。在南韓和其他地方，他們往往為了謀生而不顧一切地證實人權活躍分子、反共產主義的宣教士和右翼理論家的成見。除非先拿到錢，否則有些勞改營倖存者根本不開口。還有些倖存者會重複他們聽來、但卻非親眼目睹的「有料」祕聞。

雖然申東赫仍然提防著我，但是，不管我想到任何有關他過去的問題，他都能一一回答。或許他的生命故事令人難以置信，但是，這些呼應了其他曾被關在北韓勞改營的人的經歷，也呼應曾在勞改營當過北韓守衛者的描述。

人權專家大衛．霍克說：「申東赫所說的一切，都符合我所聽過勞改營的種種情況。」霍克曾經為了撰寫隱藏的古拉格群島，訪問過申東赫和其他曾被關在勞改營的人。這份報告建立在勞改營倖存者的描述和加上注解的衛星影像之間的連結。在二〇〇三年，這份報告首先由美國北韓人權委員會出版。在陸續取得更多證詞和更高解析度的衛星影像後，這份報告的資料也加以更新。霍克告訴我，由於申東赫在勞改營出生和成長，所以他知道其他勞改營倖存者所不知道的事。韓國律師協會「二〇〇八年北韓人權白皮書」的作者，也曾查證申東赫的故事。他們對申東赫和其他願意開口的知名勞改營倖存者，進行密集訪談。如霍克所言，北韓只有一個方法可以「反駁、否認」申東赫和其他勞改營倖存者的證詞，那就是容許外界專家參觀勞改營。霍克說，如果北韓不這麼做，那麼這些人的證詞將會保持有效。

如果北韓真的崩解了，或許申東赫的一項預測是正確的：由於畏懼戰爭罪行的審判，北韓領導人會在調查員進入勞改營之前，先行拆毀勞改營。金正日曾說：「我們必須以濃霧將我們的環境團團圍住，免得敵人了解我們的情況。」[6]

為了將我看不見的事物拼湊起來，三年當中，我多半是在撰寫有關北韓軍事、領導階層、經濟、糧食短缺和破壞人權的報導。我訪問了許多北韓叛逃者，包括三位曾被關在十五號勞改營的囚犯，以及一位曾在四座勞改營當過守衛和司機的北韓人。我和經常進入北韓內部的南韓學者及技術專家談話，我查驗愈來愈多的勞改營相關學術研究和個人回憶錄。在美國，我對那些成為申東赫好友的韓裔美國人，進行廣泛的訪談。

評估申東赫的故事時，我們必須記住一件事：按照曾在勞改營當過守衛和司機的安明哲的說法，許多勞改營的囚犯吃過類似或更糟的苦頭。他說：「相對於勞改營其他孩子的標準，申東赫的生活算是相當舒適的。」

北韓政府引爆核彈，攻擊南韓，建立一觸即發的好戰精神與惡名，在朝鮮半島引發暫時的緊急安全危機。當北韓放下身段，進入國際外交圈，他們總是有辦法把人權問題推離談判桌，危機管理（通常集中於核武及飛彈問題）主導著美國對北韓的交涉。

勞改營從來不是首要被考慮的問題。

在柯林頓和布希的時代，大衛．史特勞伯曾在國務院當過負責北韓政策的資深官員，他告

6 參考金玄植（Hyun-sik Kim，譯音）和孫光珠的「金正日紀錄片」（首爾：天地媒體公司），202。錄於 Ralph Hassig 和吳孔丹的著作 *The Hidden People of North Korea*（Lanham, Md.: Rowman & Littlefield, 2009），27。

訴我：「和他們談論勞改營是不可能的，你談到這件事，他們就抓狂。」

北韓勞改營很少刺痛世界的集體良知。儘管報紙報導了，但是，美國普遍忽視這些勞改營的存在。有幾年時間，在華盛頓少數幾位北韓叛逃者和勞改營倖存者，每年春天會在國會大廈和華盛頓紀念碑之間的草地廣場，發表演說和遊行。華盛頓的記者團很少注意他們，部分原因是語言，因為大多數叛逃者只會說韓文。同樣不容忽視的是，在一個靠著名人生存的媒體文化中，沒有任何電影明星、流行樂偶像或諾貝爾獎得主挺身而出，要求外界關注一個遙遠的問題，和一個缺乏良好影像資訊的問題。

長期以來，人權行動主義者蘇珊娜．肖爾特不斷將勞改營倖存者帶到華盛頓，她告訴我：「西藏人有達賴喇嘛和理查．基爾，緬甸人有翁山蘇姬，蘇丹的達爾夫人有米亞．法羅和喬治．克隆尼。但是，北韓人沒有這些名流為他們說話。」

申東赫告訴我，他不配為成千上萬仍然待在勞改營的人發言。他為了生存和逃亡而做出的那些事，讓他感到十分羞愧。他不願學英文，部分原因就是英文可能讓他成為重要人物，而他不希望以這種語言一再重述他的故事。但是，他迫切想讓世界了解北韓無所不用其極地隱藏的真相。他背負著重責大任，因為沒有一個在勞改營出生和長大的人曾經逃出來，並向外界解釋勞改營過去所發生，以及至今仍然在發生的事。

第一章

吃光母親的午餐

中東赫與他母親，住在十四號勞改營裡最好的犯人區。那是一個「模範村」，旁邊有果園，對面是田野，他母親最後就是在那兒被絞死的。

模範村內有四十間平房，每一間平房都住著四個家庭。中東赫和他母親有自己的房間，他們並肩睡在水泥地板上。四個家庭共用一間廚房，而廚房有一只沒有燈罩的燈泡。村裡一天供電兩小時，分別是清晨四點到五點，以及夜晚十點到十一點。窗子是由灰色不透明的塑膠做成的，而房間以韓國方式提供暖氣——廚房的煤火藉著通往臥室地板下的煙道，將熱氣送到臥室。勞改營有自己的煤礦，所以製造暖氣的煤極易取得。

沒有床或桌椅，沒有自來水，沒有浴室或淋浴間。有時候，想洗澡的囚犯，會在夏天偷偷溜到河裡。三十多個家庭共用一口井，這是飲用水的來源。他們也共用一間廁所，一半是男廁，另一半是女廁。他們被要求必須在那裡大、小便，因為在勞改營的農場，人類排泄物被用來當作肥料。

做完每日規定份額的工作，申東赫的母親可將當晚及隔天的食物帶回家。她會在清晨四點為兒子和自己預備早餐和午餐，每一餐幾乎都是一模一樣：玉米粥、醃包心菜和包心菜湯。二十三年來，申東赫幾乎千篇一律吃著這樣的食物，唯一例外是他被罰不准進食的時候。

當時他還年幼，不用上學，母親常常讓他獨自在家待整個上午，中午時才從田裡回來吃午飯。申東赫永遠飢餓，每天早上，他的母親才出門工作，他就會吃掉自己的午餐。

他也繼續吃掉母親的午餐。

當她中午回來，發現沒有東西可吃，她會怒氣衝天，拿鋤頭、鐵鍬或手邊的任何東西打兒子。有時候，她下手之重不輸給日後打他的守衛。

然而，申東赫仍然繼續偷吃母親的午餐，而且能偷就偷，能吃多少就吃多少。他沒有想過，如果吃掉母親的午餐，她就得挨餓。多年後，她過世了，而他住在美國。他告訴我，他愛他的母親；但那是在他回顧往事時，是在他明白文明的孩子應該愛自己母親的時候。當他住在勞改營，當他必須靠她得到每一餐，當他偷她的食物並忍受她的毆打，他視她為生存的競爭者。

她的名字是張慧靜。申東赫記得她身材矮小，略顯豐滿，有一雙強而有力的臂膀。和所有勞改營的婦女一樣，她把頭髮剪短，而且必須以一塊折成三角形並綁在頸背的白布包住頭。在地下監獄接受偵訊時，申東赫從一份文件發現了她的生日——一九五〇年十月一日。

她不曾和他談到她的過去、她的家人，以及她為什麼住在勞改營，他也不曾問起這些問題。他會成為她的兒子，是守衛的安排，他們選擇她和那位成為申東赫父親的男人，作為「獎賞」婚姻中，送給彼此的獎賞。

單身男女睡在依照性別隔開的宿舍裡。申東赫必須默記十四號勞改營中第八條規則就是：「沒有事先取得許可，發生性行為者，將立即被槍決。」

其他北韓勞改營也有相同的規則。我曾訪問過一位勞改營的守衛，以及幾位勞改營囚犯的北韓人，他們告訴我，如果未經許可的性行為導致懷孕或生產，女人和嬰兒通常會遭到槍決。但為了取得更多食物或更輕鬆的工作，某些女人會和守衛發生性行為，他們明白，這樣做風險極高。一旦懷孕了，她們就會消失。

若要規避「不准發生性行為」的規定，唯一的安全途徑就是作為獎賞的婚姻。守衛拿婚姻在犯人面前誘惑他們，把婚姻當作賣力工作和誠實告密的終極紅利。男人到了二十五歲、女人到了二十三歲就有資格結婚。一年有三、四次，守衛會宣布誰和誰可以結婚，而且通常是在吉日宣布，例如新年或金正日的生日。新娘或新郎多半不能決定自己的結婚對象。如果男方或女方發現選來的配偶太老、太兇暴或太醜，而他們無法接受，有時守衛就會取消婚姻。如此，雙方就可以再婚。

申東赫的父親申境燮告訴申東赫，守衛將張慧靜送給他，作為他在勞改營機械工廠中熟練操作金屬車床的酬勞，但母親從來沒有告訴他，為什麼她能得到婚姻的優待。

和勞改營中的許多新娘一樣，對她而言，婚姻是一種晉升，因為伴隨婚姻而來的，是一份較好的工作，一個更舒適的住處，和一間位於模範村的房子，村裡還會有學校和保健室。婚後不久，她從勞改營成衣工廠擁擠的女宿舍搬到那兒，也得到一份令人羨慕的、在附近農場的工作。在那裡，她有機會偷拿玉米、稻米和綠色蔬菜。

結婚後，這對夫妻可以連續五晚睡在一起。從那時候起，雖然申東赫的父親繼續住在機械工廠的宿舍，但是一年有幾次，他可以去找張慧靜。他們生了兩個兒子，大兒子申希根出生於一九七四年，而申東赫在八年後來到人世。

這對兄弟幾乎互不相識。申東赫出生時，他的哥哥一天有十個小時待在就讀的小學。申東赫四歲時，他哥哥搬出他們的房子（到了法定的十二歲就必須搬出），住進一間宿舍。

至於他的父親，申東赫記得有時他會在夜晚出現，隔天一早就離開。他很少注意那位小男孩，在成長過程中，申東赫完全不在乎他的存在。

逃出勞改營後幾年，申東赫明白許多人將溫暖、安全感、關愛和「母親」、「父親」及「兄弟」聯想在一起，但這不是他的經驗。守衛教導他和勞改營其他的孩子一件事：他們之所以成為囚犯，就是因為父母「犯罪」。他們告訴那些孩子，雖然他們永遠應該以身上所流的叛逆血液為恥，但是只要賣力工作、服從守衛和檢舉父母，他們就可以慢慢地「洗掉」與生俱來的罪。十四號勞改營第十條規則就是：犯人「必須確實」將每位守衛當成老師。申東赫認為這是說得通的，因為不論在小時候或青少年時期，他的父母一直是疲累不堪、疏遠且沉默寡言的。

申東赫是一個骨瘦如柴、缺乏好奇心、多半時候沒有朋友的孩子，他確信一件事，就是守衛所說那些透過告密贖罪的話。然而，當他目睹母親和勞改營守衛之間所發生的事，他對是非的理解就混淆了。

十歲時，一天晚上，申東赫離開屋子，去找他母親。他餓了，而那時候，他母親應該預備晚餐。他走到附近一處稻田，他母親就在那兒工作。他問一個女人是否看見他母親。

「她在打掃波依及多萬的房間，」那女人告訴他，那是指管理稻米農場的守衛的辦公室。

申東赫走到那名守衛的辦公室，發現前門上了鎖，所以他從建築物側面的一扇窗窺視。他母親正跪著擦洗地板，當申東赫觀看時，那位波依及多萬出現了。他從後面走向申東赫的母親，然後開始撫摸她，她沒有反抗。兩人脫掉衣服，申東赫看著他們做愛。

他從來沒有就這一幕，質問他母親，也從來沒有向他父親提起這件事。

同一年，申東赫和班上同學必須自願幫助父母工作。一天早上，他和母親一起去插秧。她似乎生病了，以致工作速度落後。午休前不久，她的慢動作引起了一位守衛的注意。

「你這賤貨，」他對她吼叫。

「賤貨」是勞改營守衛對女犯人的標準稱呼。守衛經常稱申東赫和其他男囚犯為「賤貨生的」。

「連種稻都不會，你還吃個不停？」守衛問。

她道歉，但是守衛益發惱怒。

「這個賤貨不行了，」他大叫。

當申東赫站在母親身邊，守衛為她發明了一種懲罰方式。

「去跪在那邊的田壟上，舉起手，維持那個姿勢，直到我吃完午飯回來。」

太陽下，申東赫的母親跪在田壟上一個半小時，兩手舉高。男孩站在旁邊看著，不知該對她說些什麼，所以不發一語。

守衛回來時，命令申東赫的母親回去工作。她虛弱無力，而且餓極了，在下午三、四點昏倒在地。申東赫跑到守衛那兒，向他求助。其他工人將她拖到涼蔭的休息處，而她就在那兒恢復意識。

那天晚上，申東赫和母親去參加一個「意識形態鬥爭會」，那是為了自我批判而舉行的強制性集會。申東赫的母親再度跪下，和她一起在農場工作的四十個人，則在那位波依及多萬的帶領下，斥責她沒有做完規定的工作量。

夏日夜晚，申東赫和村裡其他幾個小男孩，會偷偷溜到果園裡。那座果園就位於他們居住的水泥房子的北邊，他們摘下未熟的梨子和小黃瓜，然後飛快吃光。被逮到時，守衛會拿棍子打他們，並連續七天不准他們在學校吃午餐。

但是，守衛不在乎申東赫和他的朋友吃老鼠、青蛙、蛇和昆蟲。在散亂不堪的勞改營，牠們會斷續地大量出現，勞改營一向很少使用殺蟲劑，也沒有供應清洗廁所的水或洗澡水，人類的排泄物也被用來當肥料。

吃老鼠不只可以填飽肚子，也足以賴以為生。老鼠肉有助於預防癩皮病，那是一種致命疾病，在勞改營裡十分猖獗，尤其是冬天時。因為飲食缺乏蛋白質和菸鹼酸而染上癩皮病的犯人，會呈現虛弱無力、皮膚受損的症狀，或是得到痢疾和癡呆症，這是一種常見的死因。

申東赫迷上了抓老鼠和烤老鼠，他在家裡、田裡和廁所抓這種小動物。晚上，他會和朋友在他就讀的小學見面，那裡有一個可以用來烤老鼠的燒煤烤架。申東赫剝掉老鼠皮，刮掉內臟，撒鹽在剩下的部位上，然後咀嚼這些部位——肉、骨頭，以及小小的腳。

他也學會以狐尾草的莖刺入蚱蜢、大尖頭蝗和蜻蜓，在夏末和秋天，他會生火烤這些昆蟲。學校常常會叫成群的學生到山上的森林撿柴，在那兒，申東赫會一把一把地吃著野葡萄、醋栗，及高麗莓果。

冬天、春天和初夏期間，能吃的東西大幅減少。在饑餓驅使下，他和他的朋友會嘗試一些方法來減輕空腹的不舒服。根據勞改營裡年紀較大的犯人說，那些方法很有效。他們用餐時不喝水、不喝湯，因為他們認為液體會促進消化，使得難受的饑餓感加速回流。他們也試著不大便，因為他們相信，這樣做會讓他們覺得飽足，如此一來，就比較不會滿腦子想著食物。另一個抗拒饑餓的方法，就是模仿牛的反芻，將最近吃過的一餐吐出，再重新吃下。申東赫數次嘗試這種方法，但仍然無法減輕饑餓感。

夏天時，守衛會叫孩子們到田裡幫忙栽種和除草，而那時正是老鼠和田鼠的旺季。申東赫記得他天天吃這些小動物，而他最開心、最滿足的童年時刻，就是食物不虞匱乏。

北韓人經常談到「吃的問題」，而這個問題並非局限在勞改營，因為糧食短缺，讓全國各地數百萬人發育不良。過去十年逃離北韓的青少年，平均比南韓的男孩矮五英寸，也比他們輕二十五磅。[1]

美國國家情報委員會是美國情報圈內的一個研究機構，根據這個機構的研究，童年初期的營養不良所造成的智能不足，使得北韓可能接受征召入伍的年輕人當中，有四分之一不符資格。這份調查報告指出，即使北韓對外開放，或是和南韓統一，饑餓所造成的年輕人智能不足，可能會癱瘓經濟的成長。

自從一九九〇年代起，北韓就無法種植、購買或運送足夠的食物來餵養它的人口。這場發生於一九九〇年代中期的饑荒，可能讓一百萬個北韓人喪命。在美國，這樣的死亡率，會奪走大約一千兩百萬條人命。

1 作者對南韓的「哈納文」安置中心的護士長田正熙所作的訪談。自一九九九年起，這個政府所資助的中心就一直在測量北韓叛逃者的身高和體重。

北韓的糧食災難在一九九〇年代末期緩和下來，因為政府同意接受國際糧食援助。雖然北韓把美國大肆妖魔化，但是美國卻變成北韓最大的糧食捐贈者。每年，北韓必須生產五百萬噸以上的稻米和穀類，才能餵飽兩千三百萬人口。然而，其所生產的稻米和穀類幾乎年年短缺一百萬噸。北韓有漫長的冬天和崇山峻嶺，缺乏可耕的土地，也不給農民獎勵，當然也買不起燃料或現代農業設備。

多虧莫斯科資助，北韓勉勉強強熬了幾年沒有糧食災難。然而，蘇聯解體時，這些資助中止了，北韓的中央計畫經濟不能再運作。老舊工廠沒有免費的燃料，多半屬於劣質的商品失去了市場，國營農場再也無法取得過去所倚賴的蘇聯製廉價化肥。

有幾年時間，南韓協助填補這個空缺，每年送給平壤五十萬噸肥料，作為試圖緩和南、北韓緊張關係的「陽光政策」中的一項。

當首爾的新領導人於二〇〇八年停止提供免費肥料時，北韓嘗試在全國各地進行其過去數十年在勞動營所做的事。他們叫群眾做「托比」，一種以灰燼混合人類排泄物所做成的肥料。最近幾年冬天，他們在全國各城市和鄉鎮，把公用廁所內結凍的排泄物鑿出來。佛教慈善機構「好朋友」在北韓有線民，按照它的說法，北韓政府命令工廠、公營企業和社區製造兩噸的「托比」。春天時，這些肥料在戶外晾乾，然後才被運往國營農場。然而，有機肥料根本無法取代國營農場倚賴了數十年的化學肥料。

在一九九〇年代，申東赫被關在一道電圍籬後面，不知道他的數百萬名同胞正在挨餓。就申東赫所知，他和他的父母都沒有聽說政府難以餵飽軍隊，或者北韓城市（包括首都）的居民，正在自己的公寓裡活活餓死。

他們不知道數萬名北韓人已經捨棄家園，步行進入中國尋找食物。雖然流入北韓的糧食援助值數十億美元，但他們並沒有從這些援助中受益。在那幾年的亂局中，由於金正日政府失去基本功能，西方智庫專家所寫的有關北韓的書，都帶著暗示滅亡的標題，例如《北韓末日》。

十四號勞改營裡完全看不到末日，因為除了偶爾有火車運來一車車的鹽，勞改營裡完全得以自足。

囚犯自己種植玉米和包心菜。這些奴工生產廉價的蔬菜和水果，同時也養魚養豬，並且為圍籬外正在瓦解的經濟體製造制服、混凝土、陶瓷器，以及玻璃器皿。

饑荒期間，申東赫和母親過得很苦，老是餓肚子，但是，並沒有比他們已經習慣的情形更糟。男孩還是一如往常的生活，繼續抓老鼠，繼續偷吃母親的食物，然後繼續忍受她的毆打。

第二章
上學的好日子

老師出奇不意地發動搜索，翻查申東赫和其他四十位六歲大同學的口袋。最後，老師手裡拿著五粒玉米，那是從一位瘦瘦小小的女孩身上搜出來的，申東赫記得她長得很漂亮。雖然想不起那女孩的名字，但是，一九八九年六月那個上學日所發生的一切，都清清楚楚留在他的記憶裡。

開始搜查口袋時，老師的心情就很不好。等找到了玉米，他簡直火冒三丈。

「你這賤貨，居然偷玉米？你想讓我砍斷你的手？」

他命令小女孩走到全班同學前面跪下來。然後，他揮舞著長長的木頭教鞭，不斷地打她的頭。申東赫和同學默默看著她的頭蓋骨出現腫塊，而血從她的鼻孔流下來，然後倒在水泥地板上。申東赫和幾個同學把她抬回家，抬到她那位於離校不遠的養豬場住家。那一晚，她就失去了心跳。十四號勞改營第三條規則的第三部分就是：「偷竊或藏匿任何食物者，將立即遭到槍決。」

申東赫明白，那些老師通常沒有把這條規則當成一回事。如果他們在學生的口袋發現食物，有時他們會拿棍子隨便打幾下。但是，他們往往沒有採取任何行動，所以申東赫和同學常常會冒險一試。他認為那位漂亮的小女孩只是倒楣罷了。

守衛和老師教導他相信一件事：他繼承了父母叛逆的血液，所以，他每一次被打都是活該，那個女孩也不例外。申東赫認為，她所受的懲罰十分公平，一點也不冤枉，而他從來沒有惱怒老師置她於死地，他相信同學也有同感。

隔天在學校，沒有人提起那次毆打，教室裡也沒有任何改變。就申東赫所知，那位老師沒有因為把人活活打死，而受到處分。

在五年的小學時光中，申東赫被同一位老師所教。他五十歲出頭，穿著制服，他掛在屁股的槍套裡有一把手槍。下課時間，他讓學生玩「剪刀、石頭、布」。在星期天，有時他會讓學生花一、兩個鐘頭相互抓頭蝨，卻從來不知道他叫什麼名字。

上小學時，勞改營教導他抬頭挺胸，向老師鞠躬，絕不可直視他們的眼睛。開始上學時，他領到一套黑色制服，包括長褲、襯衫和內衣，以及一雙鞋子。每兩年，制服會更換一次，雖然不到一、兩個月，這些衣服和鞋子就會破裂。

勞改營有時會發肥皂給學生，作為努力工作的特別獎賞。申東赫並沒有特別勤勞，所以很少拿到肥皂。他的褲子因為沾染泥巴和汗水變得堅硬無比。如果他用指甲刮皮膚，污垢就會剝落。如果天氣太冷，無法到河裡沐浴或站在外面淋雨，申東赫和他的母親、同學就會散發出農場牲畜的味道。冬天時，幾乎每一個人的膝蓋骨，都因覆蓋著一層污垢而變黑。申東赫的母親用破布為他縫製內衣和襪子，在他母親死後，他就沒有穿內衣了，只能勉強找一些破布塞在鞋子裡。

從衛星照片中，他學校的建築群清晰可辨。那所學校離申東赫的家步行大約七分鐘，窗戶是玻璃製的，不是塑膠，但那是唯一的裝飾。和他母親的房子一樣，申東赫的教室是水泥建築物，老師站在黑板前的講台上，中間的一條走道將男、女學生分開來。教室裡看不到金日成和金正日的照片，雖然他們的照片掛在北韓每一間教室最醒目的位置上。

學校教導基本的讀寫和計算，灌輸孩童勞改營的規則，並經常提醒這些孩子，他們身上流著罪惡的血液。小學生一週上課六天，中學生一週上課七天，一個月只能放一天假。

校長在集會中告訴他們：「你們必須洗掉父母的罪，所以，努力工作吧！」

上學日在八點整以一堂叫「重化」的課作為開始。這兩個字的意思是「和睦融洽」，這是老師批判學生前一天做錯什麼事的時間。一天兩次，老師會檢查上課人數，不管病得多重，學生不准缺課。偶爾申東赫會幫忙揹生病的學生到學校。但是除了感冒，申東赫很少生病，而且只接受過一次天花預防注射。

他也學會韓文字母的讀寫。勞改營以玉米穗殼做成粗糙的紙張，他就用這種紙張做練習題。每一次，學校發給他一本二十五頁的筆記簿，而他經常把燒焦的木頭削尖當作鉛筆。他不知道橡皮擦的存在。學生不作閱讀練習，因為僅有的一本書在老師手裡，老師要求學生在練習寫作文時，解釋他們為什麼沒有努力工作，以及為什麼沒有遵守規則。

中東赫會加減，但沒有學會乘除。直至今日，當他必須使用乘法，他會把一列數字加起來。

體育課是指在外面跑來跑去，以及在操場玩鐵棒。有時候，學生會到河裡為老師撿蝸牛。學校沒有球賽，二十三歲那年逃到中國後，他生平第一次見到足球。

學校為學生設立的長期目標，隱含在老師不曾費心教導的事物上。他們告訴學生，北韓是一個獨立國家，並強調北韓有汽車和火車（這不是什麼重要的說明，因為中東赫看過守衛開車，而勞動營的西南角落也有一座火車站）。然而，老師不曾談到北韓的地理、鄰國、歷史和領導人。關於誰是「偉大領袖」或「親愛領袖」，中東赫只有一些模模糊糊的概念。

學校不准學生發問，發問會讓老師發怒並打人。老師說話，學生聆聽。靠著教室內的反覆練習，中東赫學會韓文字母和基本文法，學會念出韓文字，但往往不知那些字的意思。因為老師的作風，他對於追求新資訊產生一種本能的懼怕。

中東赫沒有接觸過出生在勞改營以外的同學。就他所知，學校是為了像他這樣的孩子——即勞改營裡「獎賞式婚姻」所生出來的孩子而設的。有人告訴他，如果你在其他地方出生，並且和父母一起被送到勞改營，你就不能上學，而且必須被關在勞改營最偏遠的區域，即第四村和第五號村。

因此，那些老師可以塑造學生的思想和價值觀，而不會遭到在圍籬外生活過的學生的反駁。

申東赫和同學的未來命運不是什麼祕密。小學和中學訓練他們做苦工。冬天時，學生掃雪、砍樹，以及鏟煤，好讓學校有暖氣。所有一千多名學生都被動員去打掃波伊萬村的廁所，那是守衛所住的地方（有些守衛和妻小住在一起）。申東赫和同學拿著鋤頭，挨家挨戶鑿出結凍的糞便，然後徒手將這些排泄物堆在A字形的架上（勞改營裡的犯人沒有手套可戴）。他們將排泄物拖到周圍的田地，或者將排泄物背在背上。

他們也有比較溫暖、快活的日子。下午放學後，有時申東赫的班級會步行到學校後面的山區，為守衛採集食物和香草。他們常常會將歐洲蕨、紫萁和其他蕨類塞入制服裡，然後帶回家讓媽媽做小菜，雖然這樣是違規的。他們會在四月採傘菌，十月採松菇，在這些漫長的下午，孩子們可以相互交談。性別的嚴格區分放寬了，男孩和女孩在一起工作，在一起咯咯發笑和遊戲。

申東赫和村裡的兩個孩子同時上小學，他們是洪成超和文成心。有五年時間，他們一起走路上學，坐在同一間教室。後來，他們也一起上了五年中學。

申東赫將洪成超當成最親密的同伴，下課時，他們一起玩拋石遊戲，他們的母親也在同一座農場工作。然而，他們不曾邀請對方到家裡玩。經常性的食物競爭和告密壓力，破壞朋友之間的信任。為了得到額外的食物配給量，孩子們會告訴老師和守衛，他們鄰居吃了什麼東西，穿了什麼衣服和鞋子，以及說了什麼話。

學校的集體懲罰也讓學生彼此為敵。學校常常規定申東赫的班級，每日必須種多少棵樹，或摘多少玉米。如果沒有達到標準，班上的每一個人都會受到懲罰。老師會叫申東赫的班級，將一天或一週的午餐配給，轉送給其他做完規定工作量的班級。做指定工作時，申東赫經常動作很慢，而且常常是最後一個做完。

當申東赫和同學年紀較大時，他們的指定工作（稱為「合力奮進任務」）變得更耗時也更困難。在六月至八月的除草戰鬥期間，從清晨四點到黃昏，小學生在玉米田、豆田和高粱田拔草。

當申東赫和同學上中學，他們根本不認得幾個字。在那時，教學已經結束了，而老師變成工頭。中學是去礦區、田地和森林工作的勞動隊預備區。工作天結束時，學校則變成漫長的自我批判集會地。

申東赫在十歲那年，第一次進入煤礦區。他和五個同學（三個男孩和三個女孩，包括鄰居文成心）走入陡峭的礦井，進入採礦面。他們的工作，是將煤裝入兩噸重的礦砂車裡，然後沿著狹窄的軌道將礦砂車往上推到集結區，若要完成每日規定的工作量，他們就得將四車礦砂推上來。

光推前兩車就耗去整個上午。他們的午餐是玉米粉和加鹽的包心菜，吃完午餐後，精疲力竭，臉和衣服都覆蓋著煤塵的孩子，再度回到採礦面，手拿蠟燭走在黑漆漆的礦坑裡。

有一天，當他們在推第三車礦砂時，文成心失去平衡，一隻腳滑落到鐵輪下。站在她身邊的申東赫聽到一聲尖叫，他試著幫扭動、出汗的女孩脫掉鞋子，因為她的大腳趾被碾碎流出鮮血。另一個同學拿鞋帶綁住她的腳踝，作為止血帶。

申東赫和兩個男孩將文成心抬入一輛空的礦砂車，然後將車子推到礦坑頂端。接著，他們將她帶到勞動營的醫院，在那兒，醫護人員沒有使用麻醉劑，就切斷她那根被碾碎的腳趾，然後以鹽水處理傷口。

除了工作更辛苦之外，中學生也花更多時間挑自己和同學的毛病。他們在玉米穗殼做成的筆記本寫東西，為晚餐後舉行的自我批判會作準備。一個晚上大約有十名學生必須承認自己做錯哪些事。

批判會之前，申東赫會試著和同學見面，決定誰要認什麼罪。他們想出讓老師感到滿意、同時又不會引發嚴厲懲罰的罪。申東赫記得他曾經承認兩件事：吃掉在地上找到的玉米，以及趁著沒人注意時打瞌睡。如果學生主動承認的違規行為夠多，老師通常會在他們的腦袋打一下，作為懲罰，並且警告他們要更加賣力工作。

二十五個男孩緊緊擠在一起，睡在中學宿舍的水泥地板上。最強壯的男孩的位置靠近（但也不是太靠近）地板下，那條以煤炭加熱的煙道；比較瘦弱的男孩（包括申東赫），則睡在離煙道比較遠的地方，所以常常打一整個晚上的冷顫。有些男孩別無選擇，只能嘗試睡在煙道上，如果煤炭燒旺了，皮肉就可能被嚴重灼傷。

申東赫記得一個強壯、傲慢的十二歲男孩。他叫柳學哲，他愛睡哪兒，就睡哪兒，也是唯一敢對老師頂嘴的男孩。

有一天，柳學哲拋下工作不做，不久，有人向老師報告他消失了。老師叫申東赫的班級去尋找失蹤的男孩。

當他們找到柳學哲，並將他帶回學校，老師問他：「你為什麼不做工作，跑到別的地方？」

柳學哲沒有道歉，這讓申東赫感到十分震驚。

「我餓了，我去吃東西，」他老老實實地回答。

老師也感到十分震驚。

「這個賤貨的兒子在頂嘴嗎？」老師問。

他命令學生將柳學哲綁在一棵樹上，他們脫掉他的襯衫，拿電線綁住他。

「打他，直到他的腦袋清醒過來。」老師說。

申東赫不假思索，就和同學一起毆打柳學哲。

第三章
上流血統

申東赫九歲時，北韓的階級制度給他當頭一擊。

初春時，他和三十幾個同學走向火車站，老師叫他們去那兒撿拾工人將煤裝上火車時散落下來的煤屑。火車站靠近十四號勞改營的西南角，若要從學校去那兒，學生就得從波伊萬的院落下方經過，他們的院落座落在大同江上方的懸崖，守衛的孩子住在院落裡，也在那邊的學校上學。

申東赫和他的同學經過時，守衛的孩子從上面對著他們大叫。

「賤貨生的反動派孩子來了。」

拳頭大的石頭朝著勞改營的孩子扔過來。由於下面有河流，上面有懸崖，所以他們無處可躲。一顆石頭擊中申東赫左眼下方，割開一道深深的傷口。申東赫和同學發出尖叫，蜷縮在泥路上，試著以胳臂和手保護頭部。

又有一顆石頭擊中申東赫的頭，將他擊倒在地，他覺得頭暈目眩。當他清醒過來，守衛的孩子已經停止扔石頭，但許多同學都在呻吟和流血。那位後來在礦坑失去大腳趾的文成心已經昏了過去。申東赫的班長洪珠炫，應該是負責當天差事的工頭，也昏倒在地。

那天稍早，老師曾告訴他們，要趕快去火車站開始工作。他說稍後會趕上他們。老師終於過來了，看見血跡斑斑的學生，東倒西歪躺在地上，老師勃然大怒。

「你們在做什麼？怎麼不去工作？」他大叫。

學生膽怯地問老師，他們該如何處理仍然昏迷不醒的同學。

「將他們背在背上，」老師指示：「你們該做的，就是努力工作。」

以後幾年，當申東赫在勞改營的任何地方，看見波伊萬的孩子，他會盡可能地往反方向走。

波伊萬的孩子有種種理由向申東赫之類的孩子扔石頭。他是無可救藥的罪人的孩子，所以他的血統受到了最嚴重的污染。然而，波伊萬的孩子的血統，已經被偉大領袖給聖潔化了。

為了辨識並孤立他眼中的政治敵人，金日成在一九五七年創立了一種新的封建制度，一種以血統為基礎的階級秩序。政府根據他們所認知的個人父母及祖父母的可靠度，劃分並大大地隔離了北韓人口。北韓自稱「工人天堂」，雖然它宣稱效忠共產主義的平等理想，但它卻發明了世界上最嚴厲、最僵化的階級劃分制度。

北韓創造三個範圍廣泛的階級，這些階級底下又有五十一個次族群。位於頂端的是核心階級的成員，他們可以在政府、朝鮮勞動黨、軍事部門以及情報機關取得工作。核心階級包含農場工人、在韓戰中喪生的軍人家屬、和金日成一起反抗日軍占領的軍隊家屬，以及政府員工。

下一個階級是動搖階級或中性階級，它的成員包括軍人、技術人員，以及教師。最下層的階級是敵對階級，它的成員有反對政府的嫌疑人，包括以前的地主、逃到南韓的人的親屬、基督徒，以及為二次世界大戰前控制朝鮮半島的日本殖民政府工作者。現在，這些人的後代在礦坑和工廠工作，而且不能上大學。

除了決定工作機會，這個制度也塑造了地理上的命運，因為核心階級可以住在平壤和平壤周圍；許多敵對階級的成員，則被遷移到靠近中國邊界的偏遠省份。有些動搖階級的成員，可以藉由某些途徑提高自己的地位，例如加入朝鮮人民軍、展現出眾的服務成績，以及靠著運氣和關係，取得執政黨的低階職位。

此外，自由市場的迅速成長，也讓一些出自動搖階級和敵對階級的商人致富。因此，他們可以靠著賄賂過著舒適的生活，過著比一些政治精英分子更加舒適。[1]

1 作者在二〇〇七年和二〇一〇年之間訪問過叛逃者。詳細描述這種體制的著作包括 Andrei Lankov 的 *North of the DMZ*（Jefferson, N. C.: McFarland & Company, 2007），67-69，以及 Hassig 和吳孔丹的 The Hidden People of North Korea, 198-99。

然而，就政府職位而言，家庭背景幾乎決定了一切，包括誰有權對申東赫扔石頭。被認為值得信賴、可以成為政治勞改營守衛的北韓人，只有像安明哲這類人——他是北韓情報官員的兒子。

服了兩年的兵役後，在十九歲那年，安明哲接受徵召，成為波伊萬。徵召過程的一部分，就是檢查他的整個家族的忠誠度。他也必須簽署一份文件，答應絕不會洩露勞改營的存在。和他一起被徵召的兩百名年輕人當中，有百分之六十同樣是情報官員的兒子。

從一九八〇年代後期到一九九〇代初期，有七年時間，安明哲在四個勞改營（不包括十四號勞改營）當守衛和司機。一九九四年，他的父親負責監督區域糧食分配，但他和上司發生衝突，因而自殺。隨後，安明哲便逃往中國。到南韓後，安明哲成為首爾的一名銀行職員，並且和一位南韓女子結婚，兩人育有二子，也成為一名人權活躍分子。

叛逃後，安明哲得知他的哥哥、姐姐都被送到一座勞改營，後來，他的哥哥就死在那兒。

二〇〇九年，當我們在首爾一起吃中式晚餐，安明哲穿著一套深藍色西裝和一件白襯衫，繫著條紋領帶，戴著半框眼鏡。他看起來像一位成功人士，當他說話時，顯得沉靜而謹慎。然而，他塊頭驚人，有一雙大手，以及美式足球二線衛的肩膀。

當他接受守衛訓練時，他研究韓國的跆拳道，學習鎮暴技巧，並且接受一項指示：不要擔心對待犯人的方式是否會導致受傷或死亡。在勞改營，他習慣於毆打沒有完成規定工作量的犯人，他記得曾經把一名駝背的犯人，狠狠痛毆一頓。

他說：「打犯人是正常的。」他也解釋說，他的指導員要求他絕不能微笑，也要求他將犯人當成「豬和狗」。

他說：「指導員指示我們，不要把犯人當成『人』，也不要顯露憐憫。他們說：『如果你這麼做，你會變成一名囚犯。』」

雖然憐憫遭到禁止，但是，對待犯人的方式卻沒有什麼限制。安明哲說，守衛因此可以肆無忌憚地縱容自己的愛好和怪癖，他們經常騷擾迷人的女囚犯，後者通常同意和他們發生性行為，以換取較好的待遇。

安明哲說：「如果女囚犯因此生小孩，她們和嬰兒都得死。」他強調他親眼目睹新生兒被鐵棍活活打死。他說：「勞改營背後的理論就是：淨化思想錯誤者的家庭，直至第三代。因此，容許新一代出生，就違反了這個理論。」

如果守衛逮到試圖逃跑的犯人，他就可以上大學。因此，有抱負的守衛便善加利用這種激勵方法。安明哲說，他們會讓犯人試圖越獄，然後，在犯人到達圍繞著勞改營的圍籬之前，他們便開槍射殺犯人。

安明哲說，犯人經常因為守衛感到厭煩或心情不佳而遭到毆打，有時甚至被打死。

雖然就血統而言，監獄守衛和他們的婚生子女屬於核心階級，但是，他們是次要的公務員，在工作期間多半被困在冰天雪地的偏僻地區。

核心階級的核心成員住在平壤的大公寓裡，或是住在有大門的社區的單一家庭住房裡。外人不清楚北韓有多少這類上流家庭，但是，南韓和美國學者相信，他們只占北韓人口的一小部分。在兩千三百萬總人口當中，只有十萬至二十萬人屬於這種上流階級。

上流階級中，受到信任及才華出眾的人，可以定期出國，成為國營公司的外交官和貿易商。過去十年，美國政府和世界各地的執法機構以文件證明，這些北韓人當中，有一部分人捲入那些將現金輸送到平壤的犯罪組織。

這些犯罪組織涉及下列罪行：偽造百元美金鈔票、網路恐怖主義、毒品買賣（包括海洛因和威而剛的買賣），以及銷售高品質偽造名牌香煙。根據聯合國官員的說法，北韓也違反聯合國決議，將火箭和核武賣給伊朗和敘利亞等國。

一位經常旅行的北韓上流人士告訴我，他如何靠著取得金正日的支持和關愛，保住自己的官位。

他叫金寬鎮，在平壤長大，是出身名門的上流人士。他在金日成大學讀英國文學，這是一所專供高官的孩子就讀的學校。在二〇〇三年叛逃到南韓之前，他的專長是經營全球性詐領保險金的國營保險公司。這個公司藉著虛報北韓發生工業意外和天然災害，向世界上數家最大的保險公司騙取數億美元，並將大多數的詐騙所得送入親愛領袖的口袋裡。

這項計謀有一個充滿節慶氣氛的年度高潮，這個高潮就發生在金正日生日（二月十六日）前的那個星期。朝鮮國家保險公司是由國家壟斷的保險公司，負責策劃詐領保險金的計謀，而它的駐外經理預備一份特別的生日禮物。

二〇〇三年二月初，在新加坡的辦公室，金寬鎮看著他的同事將兩千萬美元現金塞入兩個耐用的袋子裡，然後差遣他們經由北京前往平壤。這是國際保險公司所付的錢，而這不是一次性的獻金。金寬鎮說，在他於平壤經營國家保險公司的那五年期間，總有一包包的現金及時被送到平壤，慶賀金正日的生日。他說這些錢除了來自新加坡，也來自瑞士、法國和奧地利。

他說這些錢被送到朝鮮勞動黨中央委員會的三十九號辦公室。這間惡名昭彰的辦事處，是金正日在一九七〇年代所成立，目的是收取強勢貨幣，讓他有一個獨立於他父親之外的權力基礎（當時他的父親仍然統治北韓）。根據金寬鎮和許多叛逃者的說法，以及刊物的報導，三十九號辦公室透過購買奢侈品，來鞏固北韓上流人士的忠誠。此外，它也出資購買外國製造的飛彈，和其他軍備計畫的零件。

金寬鎮向我解釋，北韓的詐領保險金手法如下：這間國家獨家經營的保險公司設立於平壤，承辦經常發生、且造成重大損失的北韓災難的保險。這些災難包括礦坑意外、火車撞車，以及水災所導致的莊稼歉收。他說這間保險公司採取再保險措施，主要目的就是：「希望從災難中獲利。每一次發生災難，政府就可撈一筆強勢貨幣。」

金寬鎮和其他北韓保險公司的駐外工作人員，被差遣到世界各地尋找保險經紀人，這些人願意接受十分誘人的高額保險費，來賠償北韓在這些災難中所蒙受的損失。

再保險是一種價值數十億美元的企業，它將一家保險公司所承擔的風險，轉移給世界各地幾家保險公司。金寬鎮說，每一年，北韓會無所不用其極地，向主要的再保險玩家要求投保。「我們不斷地找保險公司，」他告訴我：「次年，也許我們找上倫敦的勞埃德保險公司，下一年，我們可能找上瑞士再保險公司。」

北韓讓許多大保險公司承擔不算太高的保險損失，藉此掩飾其中的極大風險。北韓政府一絲不苟地準備以文件證明的索賠聲明，讓它的傀儡法院將這些聲明草草過目，然後立即提出索賠。但是，當再保險公司派遣調查員來查證索賠聲明，北韓政府往往對他們施加重重限制。根據倫敦一位保險業專家的說法，北韓也利用再保險公司和經紀人對於地理的無知，以及對政治的天真。這位專家說，許多再保險公司和經紀人以為，他們所交涉的對象是南韓的公司。還有些再保險公司和經紀人不明白，北韓是一個封閉的集權主義國家，有假法庭，也不必為其所作所為，向國際社會負責。

過了一段時間，再保險公司明白了一件事：北韓經常針對火車撞車和渡輪沉沒提出高額索賠，這些意外的真相，卻幾乎無從查證。德國保險業巨擘德盛安聯投信公司和倫敦的勞埃德公司，以及其他幾家再保險公司，都在倫敦法院針對朝鮮國家保險公司提出訴訟。二〇〇五年，北韓政府針對一架直升機墜落於平壤一間公有倉庫，提出索賠。這些再保險公司對此提出異議。在法院文件中，這些公司聲稱，墜機事件是造假的，北韓法院支持索賠的判決被動過手腳；北韓經常以詐領保險金為手段，替金正日的私人開銷籌錢。

然而，這些再保險公司最後撤回聲明，同意達成和解。對於北韓而言，這項和解幾乎是一次全面性的勝利。法律分析家說，這些再保險公司之所以這麼做，是因為他們簽署了愚蠢的合約，同意接受北韓法律的束縛。達成和解後，北韓的律師說，暗示國家涉嫌詐領保險金是「極不公平的」。但是，這個案件引發國際關注，世界各地的再保險公司因此避免和北韓交涉，也慢慢終結了北韓的詐領保險金計謀。

金寬鎮說，當那兩只裝有兩千萬美元現金的袋子在他的協助下，從新加坡送到平壤，金正日龍心大悅。

他說：「我們收到了一封感謝函，金正日將我們大大讚揚一番。」他強調在金正日的安排下，他和同事都收到了禮物，而這些禮物包括水果、北韓製造的電子產品，以及毛毯。

獨裁者表達感激的寒酸方式道出了許多內情。北韓有三分之一的人口長期處於挨餓狀態，因此，唯有按照北韓標準，平壤核心階級的生活水準才算奢華。

上流階級有較大的公寓，可吃到米飯，也可以先拿到水果和酒之類的進口奢侈品。然而，對於平壤居民而言，在最好的情況下，供電也只是斷斷續續，而且很少有熱水可用。此外，除非是外交官和國家所贊助的企業家，否則出國是一件困難重重的事。

安得烈．蘭可夫是出生於俄羅斯的政治科學家，曾在平壤上大學，現任教於首爾的國民大學。他曾告訴我：「就物質、財物、物質享受和娛樂選擇而言，平壤的上流家庭根本比不上首爾一般支薪的家庭。」南韓的人均收入是北韓的十五倍（二〇〇九年，北韓的人均收入是一千九百美元）。即使蘇丹、剛果和寮國的人均收入都高於北韓。

當然，金氏王朝是一個例外。金氏家族氣派宅第的衛星影像，在北韓襤褸的風景中特別突出。根據金正日前任主廚和前保鏢所寫的書，金氏家族至少擁有八棟鄉間別墅，這些別墅幾乎都有電影院、籃球場以及靶場。有幾間別墅有室內游泳池，打保齡球和溜直排輪用的娛樂中心。在衛星照片中，我們可以見到一個標準規格的賽馬跑道、一座私人火車站，以及水上樂園。

在金正日位於元山的家族宅第附近，衛星拍攝到一艘私人遊艇，有一座五十米的游泳池，以及兩個滑水道。元山位於一座半島，有白沙灘，據說是金氏家族最喜歡的地方。金正日的前保鏢說，金正日經常去那兒獵麅、雉和雁。他的每棟宅第都配備日本和歐洲進口的傢俱，他和家人所吃的牛肉，都出自保鏢在專屬畜牧場所飼養的牛，他們所吃的蘋果，則來自一座有機果園，在此，他們會在土壤加糖以提高水果的甜度，雖然在北韓，糖是一種稀少而昂貴的商品。[2]

金氏家族靠著血統享受了極多的特權。金正日於一九九四年從他父親繼承北韓的獨裁統治，這是共產世界第一次的世襲。第二次世襲發生於二〇一一年十二月，在六十九歲的金正日

2 Hassig和吳孔丹的書（27-35）搜集了金正日的生活方式細節。也參考Curtis Melvin在他的部落格「北韓經濟觀察」（North Korean Economy Watch）裡所搜集的「谷歌地球」的照片。參考http://www.nkeconwatch.com/2011/06/10/friday-fun-kim-jong-ils-train/。

過世後。他最小的兒子立即在一片歡呼聲中，被稱為黨、國家和軍隊的「最高領袖」。雖然我們不確定金正恩和他的年老親屬或將領，是否可以實際掌握大權，但是，宣傳專家超時工作，塑造出一種新的個人崇拜。黨的日報《勞動新聞》將金正恩捧為「軍隊和人民的精神支柱及希望燈塔」。國家通訊社強調，這位新的領導人是「傑出的思想和理論家，以及舉世無雙的卓越指揮官」，而且即將成為「國家繁榮的堅固基礎」。

撇開正確的血統，這個繼承者的資格實在乏善可陳。他曾就讀於瑞士黎伯菲爾的一所德語學校。就學期間，他是籃球隊的控球後衛，曾用好幾個小時的時間，拿筆為芝加哥公牛隊偉大的麥可．喬丹畫素描畫像。[3]十七歲那年，他回到平壤上金日成大學，但是外人不甚清楚他在這所學校究竟修了哪些科目。

金正日於二〇〇八年中風後不久，平壤第二次父子權力轉移的預備工作，就變得十分明顯。這次中風顯然讓六十六歲的親愛領袖不良於行，也暗示金正恩即將從默默無聞變成一個大人物。

二〇〇九年，在幾場針對挑選出來的聽眾所發表的演說中，金正恩被描述成一個「文藝天才」以及一名愛國者，因為他「不眠不休地工作」，將北韓提升為擁有核武的超級強國。一首宣傳曲「腳步」，在軍事基地流傳，讓官兵作好準備，迎接一個充滿活力的「年輕將軍」的到

---

3 Andrew Higgins, "Who Will Succeed Kim Jong Il," Washington Post (July 16,2009), A1.

來。他的確很年輕，還不到三十歲，出生於一九八三或一九八四年。

在二〇一〇年九月，為他初次進入國際社會而舉行的宴會中，世界第一次正式見到了這位年輕將軍的面孔。他簡直就是他的祖父偉大領袖金日成的分身，而金日成比金正日更加受到人民的愛戴。

當金正恩在他父親死後試圖鞏固大權，他和他祖父之間驚人的相似度，似乎是精心安排的結果。他穿毛裝，理短短的軍人頭，沒有留鬢角，而這正是金日成在一九四五年奪取北韓政權時的衣著和髮型。南韓流傳著一個謠言：平壤的整形醫師動手術提高兩人的相似度，讓年輕的金正恩變成偉大領袖二世。

如果這位新領導人想要像父親和祖父一樣牢牢控制國家，他當然需要一些人民的支持，也需要軍隊作為強大後盾。也許他的父親金正日從來不受人民愛戴，但他有將近二十年的時間，來學習如何支配長輩。當金日成於一九九四年過世，他親自挑選許多高階軍事將領，並且有效地治理國家。

金正恩還不到三十歲，只有不到三年的時間來學習這些手段，所以他沒有這些優勢。然而，掌權不到幾個月，他和他的形象塑造者已經塑造出一個新的獨裁者形象。他們讓這個年輕的領導人，變成一個快樂、討人喜歡、愛家的男人。國家電視台也不斷播出他先前不為人知的妻子李雪主的畫面。李同志曾當過歌手，才二十出頭，打扮得像三星公司的資淺主管，經常面露微笑，站在丈夫身邊，有時甚至會在公開場合碰他的手。

這是一個令人震驚的改變。金正日妻妾成群是一個國家機密；談論這件事可能招致危險。[4]但是，金正恩的妻子變成一個獲得國家認可的展示品，扮演一個穿戴名牌的凱特・密德頓，站在她的「威廉王子」身邊。在攝影機前，他們和吃得胖嘟嘟的幼兒互動，參觀健身中心，一起視察超市。他們參加現場的米老鼠表演，而金正恩對一場演奏電影「洛基」主題曲的音樂會，翹起大拇指。

這些刻意安排的活動畫面，詭異而令人好奇，而且傳送到世界各地，是金氏家族王朝大改造的一部分，一種刻意模糊焦點、具有「今夜娛樂」（Entertainment Tonight，美國電視政治娛樂節目）大改造的效果。突然之間，金正恩變成網路上的熱門話題。MSN Now 的一個標題嘲諷說：「對不起，各位女士，你們最喜歡的北韓獨裁者，已經名草有主了。」

這位新的領導人也開始玩弄改革，容許女人在公開場合穿長褲，解雇一位強硬派的將軍，並且似乎嘗試收回軍隊不受限制的權力。當一枚長程飛彈發射後不久就爆炸，他承認失敗。他認為經濟改革可以解決糧食短缺的問題，也派遣官員去研究中國式的資本主義。根據一些報導，農民在繳納國家規定的糧食生產量後，可以保存和販賣糧食。長期的北韓觀察者推測，北韓或許可能實施真正的經濟改革。

4 金泳三的罪就是，她是金正日第一任妻子的朋友。為此，她被關在第十五號勞改營八年，因為連坐法，她的四名子女和父母也被送進勞改營。一位維安官員告訴她，如果她談論親愛領袖和他的女人，她絕無法從勞改營獲得釋放。

然而，在人權方面，外界仍看不到任何改變。二〇一二年六月，聯合國估計高達三分之二的北韓人口營養不良。政治勞改營仍然運作著，否認和好戰精神仍然持續著，國家的官方通訊社，將那些談論勞改營的叛逃者稱為「人渣」。

第四章
試圖逃走的母親

申東赫在學校宿舍穿鞋時，老師來找他。那是在一九九六年四月六日星期六的上午。

「喂，申東赫，立刻給我出來，」老師說。

申東赫不知道為什麼老師叫他，但他急忙跑出宿舍去操場。那裡有一輛吉普車，三個穿制服的男人就在吉普車旁等他。他們把他銬上手銬，並以黑布蒙住他的眼睛，然後將他推入吉普車的後座。他們不發一語地將他載走。

申東赫不知道他們要帶他去哪裡，也不知道他們為什麼把他帶走。但是，在後座顛簸半小時後，他很害怕，並開始發抖。

當吉普車停下來，那些人將申東赫拉出去，讓他站著。他聽到沉重的金屬門噔的一聲打開又關上，然後又聽到機械的嘎嘎聲。守衛將他推入電梯，他覺得自己正在下降。他進入了勞改營的一間地下監獄。

走出電梯後，他被帶入一條走道，然後進入一間空蕩蕩、沒有窗戶的大房間，守衛就在那兒除去他的眼罩。睜開眼睛後，他看見一名軍官，他的制服釘著四顆星。那名軍官坐在一張桌子後面，兩名穿著卡其制服的守衛站在一旁，而其中一名守衛命令申東赫在一張直背椅坐下來。

「你是申東赫？」那位四星軍官問他。

「是的，沒錯，」申東赫回答。

「你父親叫申境燮？」

「對。」

「你媽媽叫張慧靜？」

「對。」

「你哥哥叫申希根？」

「對。」

那位軍官盯著申東赫看了大約五分鐘，申東赫不知道他們究竟想知道些什麼。

「你知道你為什麼在這兒？」那位軍官終於問他。

「我不知道。」

「你要我告訴你嗎？」

申東赫點頭表示同意。

「今天天亮時，你的媽媽和哥哥想要逃跑，但被逮到了，所以你才會在這裡，明白嗎？你知不知道這件事？」

「我……我不知道。」

這個消息讓申東赫嚇一大跳，幾乎說不出話來。他不知道自己是醒著，還是做夢。那位軍官愈加惱怒，也愈加不相信申東赫的話。

「你的媽媽和哥哥想要逃跑，你怎麼可能會不知道？」他問。「如果你想活下去，你就得說實話。」

「我真的不知道，」申東赫說。

「你爸爸沒有提過這件事？」

「我已經有一陣子沒有回家了，」申東赫回答：「我一個月前回家時，並沒有聽到這件事。」

「你的家人受了什麼委屈，非得冒險逃跑不可？」那位軍官問。

「我真的不知道。」

這是二〇〇六年夏末申東赫抵達南韓時所說的故事。他的說法一致，而且他常常說這個故事，也說得很好。

在首爾，最先盤問他的，是政府的國家情報院的幹員。他們有豐富的偵訊經驗，會對每一位北韓叛逃者進行詳細偵訊。此外，他們也受過訓練，要揪出金正日政府偶爾派來南韓的刺客。

接受情報院幹員的偵訊後，申東赫對政府設立的北韓人安置中心的輔導員，和精神科醫生說他的故事；然後又對人權活躍分子、其他叛逃者，以及南韓及國際新聞媒體說這個故事。在他二〇〇七的韓文回憶錄裡，他也描述了這個故事。當我們在二〇〇八年十二月第一次見面時，他也對我說這個故事。九個月後，在我於首爾對他進行為期一週的全天訪談中，他進一步說明了這個故事。

當然，我無從證實他的說法。申東赫本人是我取得他早期生活資訊的唯一來源。他的母親和哥哥死了，他的父親仍然住在勞改營，可能也已經死了。北韓政府不可能把話說清楚，因為北韓否認十四號勞改營的存在。

然而，其他勞改營的倖存者、學者、人權擁護者，以及南韓政府都查證了這個故事，並且認為這個故事是真的。我相信這個故事，也將它放入我那篇刊在《華盛頓郵報》的報導中。我說明由於申東赫的母親沒有向他告知逃亡計畫，所以他「聽到那件事時，感到十分震驚」。

在加州托蘭斯的一個晴朗無雲的早晨，申東赫重述並修改這個故事。

大約有一年時間，我們斷斷續續地合作寫這本書，而在過去一個星期，我們一直面對面坐在我那間位於貝斯特維斯特旅館的昏暗房間裡，慢慢地審查他的早期生活事件。

這次談話的前一天，申東赫說，他要告訴我一件非常重要的事，一件他不曾透露的事。他堅持要找一位新的翻譯員，也邀請了哈娜．宋來聆聽，後者是他當時的老闆，也是他實際上的監護人。哈娜．宋是協助他來到美國的人權團體「自由北韓」的總幹事，她是一個二十九歲的韓裔美國人，幫助申東赫管理錢、護照、旅行、醫療，以及言行舉止。她開玩笑地說，她是申東赫的老媽子。

申東赫脫掉涼鞋，將兩隻光腳丫塞入坐在旅館沙發上的屁股下。我打開錄音機，上午的車聲從托蘭斯大道傳入房間。申東赫玩弄著手機上的按鈕。

「怎麼了？」我問。

申東赫說，關於他母親逃亡一事，他一直在說謊。那是他在抵達南韓的前一刻編出來的。他說：「有許多事情我不能說。我很害怕別人會有強烈反應，很害怕別人會問我：『你還是個人嗎？』」

「隱瞞這件事一直是我的心頭重擔。起初，我認為這個謊言沒有什麼，我打算說謊。但是現在，我身邊的人讓我想誠實，讓我想要成為一個更有道德良知的人。所以，我想我必須說實話。現在我有一些誠實的朋友，我開始明白誠實是什麼，而我為這一切感到非常內疚。」

「我對守衛比對家人更忠實，我們彼此監視。我知道如果我說實話，別人就會瞧不起我。」

「外人不認識勞改營，不只士兵會打我們，犯人之間也充滿猜忌和敵意。那裡沒有社區意識，我是那些卑鄙的犯人之一。」

申東赫說，當他揭露他做過的事，他不期望別人會原諒他。他說他也沒有原諒自己。他似乎想做一些贖罪以外的事，想要解釋勞改營如何扭曲他的性格，雖然他承認，他的解釋會損及他作為證人的可信度。

他說，如果外人了解政治勞改營對那些出生在圍籬內孩子做過的事，以及正在做的事，那麼他們就能夠諒解他的謊言，以及他生命中的種種污點。

第五章

試圖逃走的母親：第二版

這個故事始於前一天，即一九九六年四月五日星期五下午。

那天放學時，申東赫的老師做了一件讓他感到十分意外的事。他告訴申東赫，那一晚他不必待在宿舍，他可以回家和媽媽吃晚餐。

這是老師因為申東赫表現良好，而給他的獎賞。在宿舍住了兩年後，他開始想通一些事情。他比較少偷懶，比較少挨打，比較常告密。

申東赫沒有特別想去他母親的住處過夜。分開住並沒有改善他們的關係，他仍然不相信她會照顧他，而在他面前，她似乎仍然很緊張。然而，老師叫他回家，所以他回家了。

儘管老師要他回家讓他感到很意外，但是，當申東赫回到家，他感到更意外，因為他的哥哥希根也回來了。他在勞改營的水泥工廠工作，那座工廠位於數英里外的勞改營東南邊緣。申東赫幾乎不認識哥哥，也很少見到他，因為他已經在外面住了十年，現在二十一歲了。

關於他的哥哥，他所知道的就是他沒有努力工作，所以守衛很少讓他離開工廠去看父母。中東赫心想，他之所以能夠回到他母親的住處，必定是因為他終於做對了某件事。

看到小兒子突然回家吃晚飯，中東赫的母親沒有特別開心。她沒有說歡迎，也沒有說她很想念他。

「啊，你回家了，」她說。

然後她做飯，使用七百克玉米粉（她的每日配給）在她僅有的一個鍋子裡煮粥。然後，她和兩個兒子在廚房地板上以碗和湯匙吃粥。吃完後，中東赫就去臥室睡覺了。

廚房傳來的聲音將他吵醒，他從臥室的門偷看，想知道母親和哥哥究竟在做什麼。他母親正在煮飯。中東赫覺得自己被打了一巴掌，母親給他吃一碗玉米粉稀粥，他這輩子天天吃的那種沒有滋味的粥，而現在，他的哥哥有飯可吃。

米飯在北韓文化中扮演了極其重要的角色。米飯象徵財富，讓家人更親密，吃了米飯才算真正吃了一餐。勞改營的犯人幾乎不曾吃米飯，而沒有米飯讓犯人天天都意識到：他們永遠無法過著的正常生活。

在勞改營外，長期貧乏同樣使得許多北韓人（尤其是敵對階級的人）無法在日常飲食中吃到米飯。抵達南韓時，從北韓叛逃的青少年，向政府輔導員描述一個他們經常做的夢：他們和家人圍桌而坐，吃著熱騰騰的飯。平壤的上流階級最想得到的地位象徵物之一，就是煮飯用的電鍋。

看著母親煮飯時，申東赫猜想，那些米必定是她偷來的。她一次從她工作的農場偷幾粒，然後偷偷藏在屋子裡。

申東赫在臥室生氣。

他也仔細聽著。

多半是他哥哥在講話。申東赫聽到，水泥工廠並沒有讓哥哥放一天假。他未經許可就離開水泥工廠，所以，顯然他做錯事了。

申東赫明白，哥哥必定惹上了麻煩，如果守衛抓到他，可能會受到懲罰。他的媽媽和哥哥正在商討對策。

他們應該逃走。

聽到這件事時，申東赫嚇了一跳。那是他哥哥說的，他打算逃走，而他的母親正在助他一臂之力。她那珍貴的藏米是逃亡前的食物。

申東赫沒有聽見他母親說，她也打算一起走，但她沒有說服大兒子留下來，雖然她知道如果他逃走了，或因嘗試逃走而喪命，她和其他家人會受到嚴刑拷打，甚至會被殺。每一個犯人都知道十四號勞改營第一條規則的第二部分：「見到有人試圖逃走，但沒有報告者，會立即遭到槍決。」

聽起來，他母親並不擔心，但申東赫很擔心，他的心怦怦作響。他感到生氣，因為她願意為了哥哥，讓他面臨喪命的危險。他擔心自己在這件事上受到牽累，擔心會遭到槍決。

他也嫉妒哥哥有飯可吃。

在母親臥室的地板上，這位飽受委屈的十三歲男孩努力壓制恐懼，但也被他在勞改營所培養出來的本能牽著鼻子走：他必須告訴守衛。所以他從地板站起來，進入廚房，走出門。

「你要去哪裡？」他的媽媽問。

「上廁所，」他說。

申東赫跑回學校，那時是凌晨一點。他走入學校宿舍，但他的老師已經回到位於有大門的波伊萬村的家了。

他要告訴誰？

在那間擁擠的宿舍裡，在那間班上男生睡覺的宿舍裡，申東赫找到了他的朋友洪成超，並喚醒他。

雖然他不信任任何人，但他信任這個男孩。

申東赫告訴他，他母親和哥哥計畫逃走，他問他該怎麼辦。洪成超要他告訴學校的夜間守衛，然後，他們一起去找他。當他們走向學校主要建築物的守衛辦公室，申東赫想到一個靠著告密得到好處的方法。

守衛醒著，而且穿著制服。他叫兩個男孩進入辦公室。

申東赫對那位他不認識的守衛說：「我必須告訴你一件事，但是在我告訴你之前，你要答應讓我得到回報。」

守衛向申東赫保證，他會幫忙。

「我要你保證我可以得到更多食物，」申東赫說。申東赫的第二個要求是，他要當他那一年級的級長，因為當了級長，他就可以減少工作，也可以少挨打。

守衛向申東赫保證，他的要求都會被獲准。

得到守衛的保證後，申東赫解釋他的哥哥和媽媽計畫做什麼，以及他們此刻在哪裡。守衛打電話給上級，然後叫申東赫和洪成超回宿舍睡覺。他會處理一切。

出賣媽媽和哥哥後的那個早上，穿制服的人的確來到學校操場找申東赫。

和他在回憶錄的描述一樣，也和他在南韓對每一個人所作的描述一樣，守衛讓他戴上手銬，蒙住他的眼睛，將他推入一輛吉普車的後座，然後不發一語地帶他到勞改營的一座地下監獄。

但是申東赫知道，他為什麼被帶到那兒，他以為管理十四號勞改營的守衛知道他向他們告密。

第六章
這個賤貨生的不行了

「你知道你為什麼在這裡嗎？」

申東赫知道他做了什麼；他遵守了勞改營的規則，制止犯人逃走。但是那位官員不知道（或不在乎）申東赫是一個盡責的告密者。

「今天天亮時，你的媽媽和哥哥試圖逃走，但被逮到，所以你才會在這裡，明白嗎？你知不知道這件事？你的媽媽和哥哥想要逃走，你怎麼可能不知道？如果你想活下去，你就應該老實說。」

申東赫覺得很困惑，也愈來愈害怕，不知道該說些什麼。他是一個告密者，所以他不明白，為什麼他們要訊問他，好像他是一名共犯。

最後，申東赫會明白，學校那名夜間守衛將發現逃亡計畫的事都歸功於自己。當他向上級報告這件事，他沒有提到申東赫所扮演的角色。

但是在地下監獄的那個上午，申東赫完全被蒙在鼓裡，他只是一個滿臉困惑的十三歲孩子。那位四星軍官繼續問他，為什麼他的家人想要逃跑？何時計畫逃跑？以及如何計畫逃跑？申東赫無法做出有條有理的說明。

最後，那位軍官將桌上的一些文件推過來。

「既然是這樣，混蛋，讀讀這東西，然後在下面印上你的拇指指印。」

那是一份家族犯罪記錄，列出申東赫父親和他的十一位兄弟的名字、年紀和罪行。列在第一位的是大伯申泰燮，他的名字旁有一個日期：一九五一年，韓戰的第二年。在同一行，申東赫看到他大伯的罪名：擾亂公共安寧、使用暴力，以及叛逃到南韓。申東赫的二伯名字旁也列出相同的罪名。

申東赫花了幾個月的時間，才明白他們讓他看的東西。那些文件解釋了為什麼他父親的家族被關在十四號勞改營。

申東赫的父親犯下了一個不可原諒的罪：在一場蹂躪大半個朝鮮半島的內戰中，在一場拆散數十萬個家庭的內戰中，有兩個年輕人逃到南方，而他正好就是這兩個人的弟弟。而申東赫犯下了一個不可原諒的罪：他是他父親的兒子。他的父親不曾向他解釋這件事。

後來，申東赫的父親向他談到，在一九六五年的一天，他和他的家人如何被維安部隊帶走。天亮前，他們闖入一間申東赫祖父位於平安南道省文德郡的房子。那是一個肥沃的農業區，位於平壤以北三十五英里。「打包行李，」那些武裝人員大叫。他們沒有解釋為什麼這一家人遭到逮捕，也沒有說明他們將前往何處。天亮時，一輛卡車來載他們的行李。這一家人坐了一整天的車，在山路行進了大約四十五英里，才抵達十四號勞改營。

申東赫按照指示在文件印上拇指指紋。

守衛再度蒙住他的眼睛，帶他離開偵訊室，進入通道。當他們除去他的蒙眼布，他看見一間牢房，而牢房上有「7」這個數字。守衛將他推進去，並扔給他一套囚服。

「嘿，賤貨生的，換上這個。」

那套囚犯是大人的尺寸，當申東赫將囚服套在他瘦小的身體上，他覺得自己消失在一只粗麻布袋中。

申東赫的牢房是一塊正方形的水泥地，幾乎無法躺下來。牢房的角落有馬桶，以及沒有自來水的水槽。當申東赫進入囚房，掛在天花板的燈泡亮著，而且不能關掉。由於沒有窗，申東赫無法分辨晝夜。地板上有兩條薄薄的毯子，但守衛沒有給他食物，他也無法入睡。

他相信當守衛打開門，蒙住他的眼睛，帶他到第二間偵訊室時，已經是隔天了。偵訊室裡有兩個新的官員正在等他，他們命令申東赫跪下來，逼他解釋為什麼他的家人想逃。他的媽媽有什麼不滿？他和她討論過什麼？他的哥哥究竟在打什麼主意？

申東赫說，他無法回答這些問題。

「你才活了幾年而已，」一名守衛告訴他：「只要認罪，你就可以出去，繼續活下去。你想死在這兒嗎？」

「我……真的什麼也不知道，」他回答。

他愈來愈害怕，愈來愈饑餓，也繼續絞盡腦汁，想要了解為什麼守衛不知道是他告密的。守衛將他帶回牢房。

似乎是在第三天早晨，一名偵訊員和三名其他守衛進入申東赫的牢房。他們在他的腳踝上戴上腳鐐，將一條繩索綁在天花板的掛鉤上，然後將他倒吊。接下來，他們不發一語地離開，並將門上鎖。

他的腳幾乎碰到天花板，他的頭懸在地板上方大約兩英尺的地方。守衛沒有綁住他的手，所以他伸出手，但碰不到地板。他扭動身體，晃來晃去，想要脫離繩索，恢復站立姿勢，但辦不到。他的脖子痙攣，腳踝疼痛。最後，他的兩腿痲木，因充血而漲紅的頭也愈來愈痛。

守衛直到晚上才回來。他們鬆開男孩，然後離開，同樣不發一語。有人將食物送到他的牢房，但是申東赫發現，他幾乎無法進食。他無法移動手指，此外，由於腳鐐是鋼製的，邊緣十分尖銳，所以他的腳踝被劃傷，流血。

第四天，偵訊員穿著便服，而不是制服。

守衛蒙住申東赫的眼睛，押著他離開牢房。然後，他在一間天花板很高的昏暗房間裡見到那些偵訊員。那地方看起來像機械工廠。

一條鏈子從天花板的絞車垂下來，而牆上的掛鉤掛著一把榔頭、一把斧頭、一把鉗子，以及大小和形狀不一的棍棒。申東赫在一張寬大的工作檯上看到一把大鉗子，那是用來夾起並移動炙熱金屬塊的工具。

「待在這間房間覺得怎麼樣？」一位偵訊員問他。

申東赫不知道該說些什麼。

「我再問你一次，」偵訊組長說：「你的父母和哥哥逃跑後，打算做什麼？」

「我真的不知道，」申東赫回答。

「如果你現在說實話，我可以救你。如果你不說實話，我會要你的命。明白嗎？」

申東赫記得他呆若木雞，因為他感到極端困惑。

「到目前為止，我對你很客氣，因為你是一個孩子。但我的耐心是有限的，」那位偵訊員說。

申東赫同樣無法回答。

「這個賤貨生的不行了！」偵訊組長大叫。

組長的助理包圍申東赫，扯掉他的衣服，在他的腳踝戴上腳鐐，並且將腳鐐綁在那條從天花板垂下來的鏈子上。然後，絞車啟動，將申東赫拉離地面，他的頭砰地一聲撞到地板，他的手被一條穿過天花板掛鉤的繩索綁在一起。他們將他綁好後，他的身體形成一個U字形，他的臉和腳向著天花板，而赤裸的背向著地板。

偵訊組長又大聲問了一些問題，而申東赫記得他無法有條理地回答。然後，偵訊組長叫一名手下去拿一樣東西。

他們把一個裝滿燃燒木炭的浴缸拖到申東赫下面。一位偵訊員拿風箱煽木炭，而絞車將申東赫放低，讓他靠近火。

「繼續放下來，直到他開口，」偵訊組長說。

申東赫疼痛不堪，也聞到他的肉被燒焦的味道。他扭動身體，想逃離那熱氣，但是，一名守衛從牆上拿下一個手鉤，刺入男孩的下腹部，將他固定在炭火上方，直到他昏迷過去。

他在自己的牢房醒來。守衛已經幫他穿上那套不合身的囚服，那套沾滿糞便和尿液的囚服。他不知道自己在地板上昏迷了多久，他的下背部起水泡，而且有黏黏的分泌物，腳踝周圍的肉已經被刮掉了。

有兩天時間，申東赫設法在牢房爬動和吃東西。守衛拿給他整條蒸熟的玉米穗，以及玉米粥和包心菜湯。但是，由於燒傷的地方受到感染，他發燒，缺乏食慾，幾乎無法移動。

一名守衛看到申東赫蜷縮著身子躺在牢房地板上，在監獄走道大叫：「那個小子挺頑強的。」

申東赫猜想，他過了十天才接受最後一次偵訊，而偵訊地點是在他的牢房，因為他太虛弱，沒辦法從地板站起來。但是，他不害怕了，有生以來第一次，他開口為自己辯護。

「是我去告發的，我做得很好，」他說。

偵訊員不相信他的話，但是，他們沒有威脅或傷害申東赫，而是問他問題。他說明他在母親的住處聽見了什麼，以及他在學校對那位夜間守衛說了什麼。他求守衛去問問洪成超，他可以證實他的說法。

他們離開他的牢房，但沒有做出任何承諾。

申東赫的發燒情形愈來愈嚴重，他背部的水泡發膿、腫脹，而他的牢房臭氣沖天，連守衛都不願進來。

幾天後（他無法確定究竟過了多久，因為他斷斷續續陷入昏迷），守衛打開牢房的門，命令兩名犯人走進去，他們將他抬到走道上的另一間牢房裡。守衛將申東赫鎖在裡面，而牢房裡還有另一名囚犯。

申東赫暫時獲救了，洪成超已經證實他的說法，所以申東赫再也見不到學校那名夜間守衛了。

第七章

太陽照在老鼠洞上

按照十四號勞改營的標準，申東赫的獄友相當老，大約五十歲。他不願說明自己為什麼被關在勞改營的地下監獄，但是他說，他已經在那兒待了好幾年，所以非常想念陽光。臉色蒼白，粗糙的皮膚鬆垮垮地掛在沒有肉的骨頭上。他的名字是金振明，他要申東赫叫他「叔叔」。

有幾個星期，申東赫的狀態不允許他說太多話。發燒使他不得不蜷縮在冰冷的地板上，而他以為他會死在那兒。他無法進食，所以叫獄友吃他的食物。叔叔吃了一些，但是男孩恢復食慾後就不吃了。

在這期間，叔叔變成申東赫的全職護士。

他將用餐時間變成一天三次的醫療時間，把木匙當作刮刀清理申東赫受到感染的水泡。

他告訴申東赫：「這裡有很多膿，我要把它刮掉，所以，忍耐一下。」他以加鹽的包心菜作為消毒劑，塗在傷口上，並且按摩申東赫的手腳，讓他的肌肉不致萎縮。為了避免尿液和糞便接觸男孩的傷口，他把牢房的便盆拿到申東赫那兒，然後將他高高抱起，讓他在便盆上面大、小便。

申東赫猜想，這種密集照顧大約持續了兩個月。從叔叔的得心應手和冷靜沉著來看，他認為他以前做過這類工作。

有時候，申東赫和叔叔會聽見犯人受到嚴刑拷打時，發出的尖叫和呻吟聲，那間有絞車和棍棒的房間，似乎就在走道那一端。按照監獄的規則，囚犯不准交談，但是，在那間只夠申東赫和叔叔並肩躺下的牢房裡，他們可以輕聲說話。申東赫後來發現，守衛知道他們在交談。

申東赫認為在守衛眼中，叔叔的身分特殊。他們剪他的頭髮，也借他剪刀，讓他修剪鬍鬚。他們時常拿一杯水給他，如果他問起時間，他們就告訴他。他們給他額外食物，而他把許多食物送給申東赫吃。

叔叔說：「孩子，你還可以活很久。他們說，太陽也會照在老鼠洞上面。」

老人的醫術和關懷的話語讓男孩活了下來。他的燒退了，神志清醒了，而燒傷處也結痂了。

那是申東赫第一次遇到有人持續對他友善，而他無法以言語表達感激。但是，他也感到十分困惑。他不相信他母親會讓他免於挨餓，在學校，也許除了洪成超，他誰都不信任，他告發每一個人，也認為他們會因此而傷害他、背叛他。然而在牢房，叔叔慢慢改造了這些想法。這位老人家說，他很寂寞，他似乎真的喜歡和別人分享空間和三餐。他從來沒有讓申東赫覺得生氣或害怕，也從來沒有妨礙他的復原。

說也奇怪，如果不考慮偶爾從監獄走道傳來的尖叫聲，申東赫接受偵訊和嚴刑拷打之後的規律性監獄生活，有助於讓他繼續支撐下去。

雖然食物索然無味，但是，守衛送來的三餐足夠讓申東赫和叔叔活下去。他不必在戶外做危險的苦工，沒有把人累垮的工作量。有生以來第一次，沒有人要申東赫勞動。

除了照顧男孩，叔叔十分悠閒，每日在牢房做健身運動，剪剪申東赫的頭髮。他的談話也十分有趣，而他的北韓知識讓申東赫感到興奮，尤其是當他談到食物時。

「叔叔，說故事給我聽，」申東赫會這樣說。

老人描述了圍籬外食物的樣子、味道和滋味。由於他描述他多麼喜歡燒烤豬肉、烹煮雞肉，以及多麼喜歡在海邊吃蛤蜊，所以，申東赫又覺得很餓、很想吃東西了。

當他的健康改善了，守衛開始把他叫到牢房外。現在他們很清楚，申東赫告發自己的家人，所以他們催促他告發那位老人。

「你們兩人一起待在那兒，」一名守衛對申東赫說：「他說了什麼？不要隱瞞。」

回到牢房時，叔叔想知道他們問他什麼。

申東赫夾在照顧他的老人和獄卒中間，所以他選擇同時對兩邊說實話。他告訴叔叔，守衛要他告發他，這一點並不讓老人意外。他繼續花許多時間告訴申東赫，有哪些好東西可吃，但是，他沒有主動提起自己的事，不願談起家人，也沒有針對政府表達任何看法。

按照叔叔的談吐來判斷，申東赫猜想，他是一位有地位且受過良好教育的人士。但那只是他的猜測。

雖然談論逃出十四號勞改營是一種罪行，但是，幻想獲得政府釋放後的生活並沒有違規。叔叔告訴申東赫，有一天，他們兩人都會獲得釋放。他說在獲得釋放之前，他們都有一個神聖責任，那就是保持強壯，儘量活下去，而且絕不考慮自殺。

「你認為怎麼樣？」叔叔接下來會這樣問他：「你相信我能夠出去嗎？」

申東赫感到很懷疑，但沒有說出來。

一名守衛打開申東赫牢房的門鎖，將他抵達地下監獄那天所穿的校服遞給他。

「穿上這些衣服，快快跟我來，」守衛說。

申東赫邊換衣服，邊問叔叔會發生什麼事。老人向他保證他會很安全，而他們會在外面重逢。

「讓我再一次握你的手，」他說，並緊緊握住申東赫的雙手。

申東赫不想離開牢房。之前，他沒有信任過任何人，也沒有愛過任何人。以後幾年，他對那位陰暗牢房裡的老人的懷念，多於他對自己父母的懷念。但是，守衛帶他離開牢房並鎖上門後，他再也沒有見過那位叔叔了。

第八章

避開母親的眼睛

他們將申東赫帶到那間空蕩蕩的大房間。四月初，他曾在那兒接受第一次偵訊，而現在是十一月底了，申東赫剛滿十四歲，已經超過半年沒有見過陽光了。

他在那地方所見到的一幕讓他大吃一驚：兩名偵訊員坐在桌旁，而他的父親跪在他們面前。他看起來老了許多，臉上也比以前憂愁。他大約和申東赫同時被帶入地下監獄。

跪在父親身旁時，申東赫看到他的右腿不自然地往外傾斜。申境燮也遭到嚴刑拷打，他的膝蓋以下的腳骨碎裂，然後以奇怪的角度癒合。原本他是一名勞改營技工和車床操作者，但是，這次受傷將結束他那份相對較輕鬆的工作。現在，他必須一拐一拐地，在一支施工隊伍中，當一名沒有經驗的工人。

申東赫的父親待在地下監獄時，守衛曾告訴他，他的小兒子曾將逃亡計畫的事告訴他們。

當申東赫後來有機會和他父親談到這件事，他們的談話變得很緊張。他父親說，寧可告訴守衛，也不要冒險瞞住這件事。但是，他那刻薄的語氣讓申東赫感到很困惑，他父親似乎明白，他兒子的第一個直覺就是去密告。

偵訊員遞給他和他父親各一份文件，並說：「讀一讀，然後印上指印。」

那是一份保密文件，規定父子兩人不可將監獄內的情形告訴任何人。根據那份文件，如果他們洩露任何資訊，他們會受到懲罰。

他們將沾了印色的拇指壓在自己的文件後，守衛為他們戴上手銬，蒙住他們的眼睛，然後帶他們到外面搭電梯。來到地面後，守衛帶著這對仍然戴手銬、被蒙住眼睛的父子進入一輛小型車的後座，然後驅車離開。

在車裡，申東赫猜想，守衛會將他和他父親帶回到勞改營的犯人當中。勞改營不會強迫他們簽署一份祕密誓約，然後又將他們槍決。這說不通。然而，當車子大約在三十分鐘後停下來，而他的眼罩被除去時，他驚慌了。

一群人已經聚集在他母親住處附近的空蕩蕩的麥田。從幼兒時期起，申東赫每一年會在這裡目睹兩、三次處決。他們搭了一座臨時的絞刑架，並將一根木頭插入地裡。

現在，申東赫相信他和他父親就要被處決了。他突然能夠敏銳察覺肺部吸入和呼出的氣。他告訴自己，這是他最後的生命氣息。

當一位守衛厲聲叫出他父親的名字，他的驚慌消退了。

「申境燮，去坐在前面。」

他們叫申東赫和他父親一起去。一名守衛除去他的手銬，他們坐下來，而監督處決的官員開始說話。然後，守衛將申東赫的母親和哥哥拖出來。

自從他在出賣他們的那一晚從母親家裡走出來，他就沒有見過他們，或聽到任何有關他們的遭遇的訊息。

「處決張慧靜和申希根，人民的叛徒，」那位資深官員說。

申東赫注視著父親，他正無聲地啜泣。

過去幾年，因為申東赫在南韓編出的那些謊言，他更加為那次處決感到羞愧。

那一天在加州，當他向我解釋他如何及為什麼隱瞞過去時，他告訴我：「我生命中沒有一件事可以和這個重擔相比。」

但是，執行處決的那一天，他沒有感到羞愧。他很憤怒，因為他是一個飽受委屈和傷害的少年，而他就帶著這種少年的殘酷和清醒，憎恨著母親和哥哥。

按照他的想法，都是因為他們那愚蠢、自私的計謀，他才會受到嚴刑拷打，幾乎喪命，而他的父親才會變成瘸子。

而且，就在看見他們抵達刑場之前的幾分鐘，申東赫以為，他會因為他們的魯莽而遭到槍決。

當守衛將他的母親拖到絞刑架，申東赫看見她全身腫脹。他們強迫她站在一只木箱上，然後塞住她的嘴，將她的雙手反綁，並將她脖子上的套索拉緊。但是，他們沒有遮住她那雙腫脹的眼睛。

她掃視群眾，看見了申東赫，他不願注視她的眼睛。

當守衛拉開箱子，她拚命扭動。看著母親掙扎時，申東赫認為她該死。

當守衛將申東赫的哥哥綁在那根木柱時，他看起來憔悴而虛弱。三名守衛各開三槍，子彈射斷了將他的前額固定在柱子上的繩索。那是一次血淋淋、腦漿四散的槍決，一個讓申東赫作嘔和害怕的場景。但是，他也認為他的哥哥該死。

第九章

賤貨生的反動派兒子

在十四號勞改營，父母因為試圖逃跑而被處決並非罕見。在申東赫的母親被絞死之前和之後，他目睹過幾次這類處決。然而，他不知道他們留在勞改營的孩子會有什麼下場。根據申東赫的判斷，這些孩子都不能上學。

只有他例外。

也許因為勞改營已經證實他是一個告密者，所以勞改營的官員讓他回到學校。但是，回到學校並不是一件輕鬆的事。

打從申東赫從刑場走回學校，麻煩就開始了。申東赫在學校和老師私下見面，他認識這個人已經兩年了，雖然從來不知道他的名字，但他認為，他是一個相當公平的人，至少就勞改營的標準來看是如此。

然而，在這次會面中，老師火冒三丈。他想知道為什麼申東赫將母親和哥哥的逃亡計畫告訴學校的夜間守衛。

「你為什麼沒有先來告訴我？」他大叫。

「我想告訴你，但是找不到你，」申東赫回答，並解釋當時是深夜，而囚犯不准進入老師的住處。

「你可以等到早上，」老師說。

揭露那次逃亡計畫，沒有讓老師得到上級的任何表揚，而他將這種不公平的處置怪罪到申東赫頭上。他警告他，他必須為他的輕率付出代價。後來，當申東赫的同學（大約有三十五位）聚集在教室，老師指著申東赫大叫：「來到前面，跪下！」

申東赫在水泥地板上跪了近六個小時。當他扭動身體、減輕不適感的時候，老師就拿教鞭打他。

回到學校的第二天，申東赫和同學去勞改營的一座農場撿玉米稈，然後拖到打穀場。申東赫拖著載滿玉米稈的 A 字形搬運架；和推煤車相比，這份工作相當輕鬆，但是他必須戴上護具，而護具上的一條皮帶擦傷了下背部和尾椎上一觸即痛的疤痕。

不久，血流下他的雙腿，染濕了制服的褲子。

申東赫不敢抱怨。他的老師警告他，他必須比同學更加努力工作，才能洗掉母親和哥哥的罪。

在學校或田裡工作時，所有的學生都必須請求許可，才能上廁所。從監獄被釋放後，當申東赫第一次要求上廁所，他的老師拒絕了。在那個上學日，申東赫試著憋住，但是一週還是有幾次，他尿濕了褲子，這種情形通常發生在他和其他學生在外面勞動時。

自從七歲時一起進入小學，申東赫就認識大部分的同學。他比班上大多數男孩矮小，但通常他們不會小看他。而現在，他們學老師的樣，開始嘲弄他、欺負他。

他們奪走他的食物，打他的肚子，辱罵他，而幾乎所有的辱罵都圍繞著他是「賤貨生的反動派兒子」。

申東赫不確定同學是否知道，他出賣了他的母親和哥哥，他相信和他一起長大的朋友洪成超，沒有將這件事告訴任何人。無論如何，申東赫沒有因為出賣家人，而受到嘲弄，如果他們那樣做，那會是一種不愛國而危險的校園嘲弄事件，因為老師和守衛都命令學生告發家人和同學。

被關入監獄之前，申東赫設法在班上建立了一種策略性的聯盟，讓他成為級長洪珠炫的朋友（在告發家人的那一晚，他曾要求那名夜間守衛讓他當級長）。洪珠炫帶領學生去做分配的工作，而他有權做一件事：只要他認為哪一位同學想偷懶，他就可以對這位同學拳打腳踢。此外，他也是老師最信任的告密者。

如果出去工作時，同學太慌亂或緊張，因而沒有完成規定的工作量，洪珠炫自己會挨打，或者不能吃東西。他的身分就像被稱為勞動隊管理人的成人囚犯，這些人都是男性，往往人高馬大，而守衛授權他們以幾乎不受限制的方式對待其他囚犯。由於管理人必須針對其他囚犯的違規行為負責，所以他們往往比勞改營守衛更加警覺、殘暴、無情。

中東赫的母親和哥哥遭到處決後，洪珠炫開始緊緊盯著申東赫。進行一次修路任務時，他注意到申東赫在手推車裡裝了太多石頭。申東赫不斷嘗試推手推車，但是推車太重，瘦弱的申東赫根本推不動。

當申東赫看到級長拿著鐵鍬走過來，他以為他會助他一臂之力。他以為洪珠炫會叫其他同學一起推那輛推車，但是，洪珠炫揮動鐵鍬，朝申東赫的背部打下去，將他擊倒在地。

「好好推你的車，」洪珠炫說。

他踢申東赫的頭部側面，叫他站起來。當申東赫掙扎著站起來，洪珠炫再度揮動鐵鍬，打他的鼻子，申東赫開始流鼻血。

毆打後，年紀和身材都比申東赫小的學生開始辱罵他母親。在老師的鼓勵下，他們罵他、打他。

申東赫曾被關在地下牢房，所以體力流失許多，耐力也幾乎消失殆盡。他回到學校長時間做苦工，三餐卻永遠吃不飽，所以總是饑餓難耐。

他經常在學校的餐廳搜索灑落出來的包心菜湯，以手沾一沾地板上那些變冷、變髒的湯汁，然後將手指舔得乾乾淨淨。他在地板、道路和田地搜索米粒、豆子，或者含有未消化玉米粒的牛糞。

回到學校數週後，在十二月的一個上午出去幹活時，申東赫在一堆玉米稈裡找到一條變乾的玉米穗，於是就狼吞虎嚥把它吃掉。但是，洪珠炫就在附近，他跑向申東赫，抓住他的頭髮，將他拖到在不遠處的老師那兒。

「老師，申東赫不做工作，卻在撿東西吃。」

當申東赫下跪求饒（本能做出的一種儀式性的謙卑動作），他的老師以手杖打他的頭，並大聲叫其他學生過來，幫忙懲罰這位「拾荒者」。

「過來打他耳光，」老師說。

申東赫知道接下來的情形。他曾在循環式的集體懲罰中，打過許多同學耳光，或揍他們一拳。學生在申東赫面前排隊，女孩打他的右臉頰，男孩打他的左臉頰。申東赫相信他們打了五輪，老師才說午餐時間到了。

在他被關入祕密監獄之前，在老師和同學開始挑他的毛病之前，申東赫沒有因為自己出生在十四號勞改營，而責怪任何人。

他那受到蒙蔽的生活，使得他專注於尋找食物和避免挨打。他不在乎外面的世界，不在乎父母和家族史。儘管什麼都不信，但他相信守衛所說的那些有關原罪的話。他是叛徒的後代，所以他唯一的贖罪機會（以及避免挨餓的唯一方式）就是認真工作。

然而，回到學校時，他充滿了怨憤。出賣母親和哥哥尚未使他飽受罪惡感的困擾，那是許久以後的事。但是，和那位叔叔待在牢房的那幾個月，已經讓他窺見（即使只是微微窺見）圍籬外的世界。

中東赫開始明白，他不能吃到什麼，不能看見什麼。勞改營的骯髒、惡臭和荒涼讓他覺得沮喪。當他有了一點自我意識，他發現自己寂寞、懊悔，以及渴望。

他尤其惱怒他的父母。他相信母親的計謀促使他遭受酷刑。當老師和同學傷害他、羞辱他，他也將那一切怪罪到她頭上。他瞧不起他的父母，因為他們自私地在勞改營生孩子，難道他們不知道，孩子一出生，就註定要死在帶刺的鐵絲網後？

在刑場上，在中東赫的母親和哥哥被處決後，中東赫的父親曾經嘗試安慰他。

「你還好嗎？你哪裡受了傷？你在裡面見過你母親嗎？」他父親不斷地問。「在裡面」是指地下監獄。

中東赫氣得無法回答。

處決後，他甚至討厭說「爸爸」兩個字。在他少有的放假日（一年大約十四天），中東赫應該去看他。然而，當他去看他，他常常不願說話。

他的父親試著道歉。

「我知道沒有好父母讓你受苦，」他告訴中東赫：「作我們的兒子是你的不幸。但是，你能怎麼辦？事情就是這個樣子。」

對於被迫脫離正常生活的北韓人而言，對於必須在勞改營忍受苦役、饑餓、毆打和睡眠不足的北韓人而言，自殺是一大誘惑。

姜哲煥在他的回憶錄中如此描述他待在十五號勞改營的十年生活：「在勞改營裡，自殺是司空見慣的事。我們的許多鄰居都走上了這條路……通常他們會留下遺書批評政權，至少會批評治安部隊……老實說，不管有沒有在死後留下批評政府的遺書，死者家屬都會受到某種懲罰，沒有例外。黨認為，自殺就是嘗試逃避黨的控制，而如果嘗試這一招的人無法為此付出代價，就必須找出其他人來付出代價。」[1]

根據首爾韓國律師協會的說法，北韓警告所有的犯人，如果他們自殺，活著的親屬會受到刑期延長的懲罰。

金永曾是北韓陸軍中校，他寫了一本回憶錄，來描述他待在兩個勞改營的那六年生活。在這本回憶錄中，他說自殺的誘惑力是「無法抵擋」的。

金永說：「囚犯已經超過了感覺饑餓的階段，經常陷入神志不清的狀態。」他說他在十四號勞改營待了兩年，然後才被調到大同江對岸的十八號勞改營。在這座政治監獄裡，守衛比較不殘酷，而犯人享有多一點的自由。

金永說，為了結束在十四號勞改營的那種神志混亂的狀態，他曾跳入煤礦井裡。然而，掉

1 Kang and Rigoulot, *The Aquariums of Pyongyang*, 100.

到礦井底端並受了重傷後，他的感覺是失望多於疼痛：「我很後悔沒能找到一個更好的方式，來結束這種無法言喻的折磨。」[2]

儘管母親和哥哥被處決後，申東赫的生活變得十分淒慘，但是，自殺始終只是腦裡一閃即逝的念頭。

在他看來，從勞改營外面來的囚犯和在勞改營出生的囚犯之間，存在著一個基本差異：許多外面來的囚犯過去過著舒適的生活，現在卻飽受懲罰的折磨，所以他們崩潰了，無法找到或維持生存的意志力。然而，在勞改營出生的囚犯有一個不合常情的好處：他們完全沒有期待。

因此，申東赫的苦難從來沒有變成徹底絕望，他沒有盼望，所以不會失去盼望；沒有快樂的過去，所以不會為過去哀嘆；沒有驕傲，所以不會捍衛驕傲。他不認為舔食地板上的湯是一種自貶的行為，也不認為乞求守衛饒恕是可恥之舉。為了食物而出賣朋友不會讓他良心不安。那只是生存的方式，並不是自殺的動機。

申東赫的學校老師很少輪換工作。在他上學期間的那七年，他只認識兩位老師。然而，母親和哥哥被處決後四個月，申東赫得到喘息的機會。一天早上，那位折磨他、並鼓勵同學讓他吃苦頭的老師離開了。

沒有任何外在跡象顯示，替代他的老師比較不會虐待學生。幾乎和勞改營的每一名守衛一

---

2 Kim Yong, *Long Road Home* (New York: Columbia University Press, 2009), 85.

樣，這位老師不提自己的名字，而且身強體壯，年紀約三十出頭。他要求學生和他說話時，不能直視他，而且必須低頭。申東赫記得他和其他老師一樣冷酷、冷漠、盛氣凌人。

然而，這位新老師似乎不希望申東赫死於營養不良。

到了一九九七年三月，即申東赫從地下監獄被釋放後大約四個月，他似乎已經瀕臨餓死邊緣。老師和同學不斷找他麻煩，以致他無法得到足夠的營養來維持體重，而燒傷似乎無法復原，傷痕仍然流著血。他更加虛弱了，常常無法完成指定的工作，所以他更常挨打，更沒有食物可吃，而他的出血情形也益發嚴重。

用餐時間後，新來的老師帶申東赫到餐廳，並告訴他，他能找到多少剩菜，就可以吃多少。有時，他會偷偷拿食物給申東赫。此外，他也讓申東赫做一些比較不吃力的工作，而且務必讓他睡在學生宿舍地板上比較溫暖的位置。

同樣重要的是，新來的老師不會讓同學打他，或偷他的食物，因此，同學不再針對他死去的母親嘲笑他。級長洪珠炫曾經拿鐵鍬打他的臉，而現在，他又變成他的朋友。申東赫增加了一些體重，背部的燒傷也終於痊癒了。

也許新來的老師可憐這個孩子，因為他曾經看著自己的母親死去，而且老是受到欺侮。另一個可能是，勞改營的資深守衛發現，原先那位滿腹牢騷的老師虐待一個可靠的告密者。或者上級可能曾經命令新老師保住申東赫的性命。

申東赫想不透為什麼這位老師如此善待他。但是他相信，如果沒有他的協助，他會死。

第十章
無法辨識的工人

牽引機每日將食物拖到工作地點，那裡有一堆堆玉米粉，以及一桶桶熱騰騰的包心菜湯。

申東赫十五歲了，他和數千名犯人一起工作。那是一九九八年，他們正在大同江（十四號勞改營的南界）建造一座水力發電水壩。這項計畫十分緊迫，所以勞改營允許奴工一天三餐都可以填飽肚子。工人包括五千名成年犯人，以及數百名勞改營中學的學生，而守衛允許他們在河流裡捕魚和抓青蛙。

有生以來第一次，申東赫一整年都吃得很好。

勞改營有高壓電圍籬，以及製造品質低劣的軍服、玻璃器皿和混凝土的工廠，因此北韓政府認為，勞改營應該在當地找到一個可靠的電源，而且必須儘快找到。

「嘿！嘿！嘿！倒下來了，倒下來了！」

中東赫大聲發出警告。當他拖著一盤盤的濕混凝土到工作隊那兒，他注意到一道剛剛灌入混凝土的牆裂開了，並開始崩解。在牆下，一個八人組成的工作隊正在蓋另一道牆。

他儘量拉大嗓門尖叫。但是，太遲了。

所有的工人（三個大人、三個十五歲的女孩，和兩個十五歲的男孩）都喪命了。幾具屍體被壓得面目全非，無法辨識。意外發生後，負責監督的守衛並沒有讓工作暫停。這個班次的工作時間結束後，他只是叫申東赫和其他工人去處理屍體。

北韓的崇山峻嶺布滿大大小小、縱橫交叉的湍急河流。這些河流蘊含極大的水力發電潛能。因此，在南、北韓分裂之前，朝鮮半島的電有百分之九十都來自北方。[1]

但是，在金氏家族的統治下，北韓政府無法建造或維持一個連接水力發電水壩、而且十分可靠的全國輸電網，因為許多水力發電水壩都位於偏遠的地區。當蘇聯於一九九〇年代初期停止供應廉價的燃料油，位於城市、以石油為動力的發電機停止運作，所以北韓許多地方的燈都熄滅了。直至今日，這些燈多半時候仍然不會亮。

朝鮮半島的夜間衛星照片顯示，中國和南韓之間存在著一個黑洞。北韓甚至沒有足夠的電力讓平壤的燈亮著，雖然政府想要在這裡好好照顧上流階級。二〇〇八年二月，我加入一支龐大的外國記者代表團，去平壤報導紐約愛樂交響樂團的表演，而在我待在平壤的那三天兩夜，

1 Andrea Matles Savada, ed., *North Korea: A Country Study* (Washington, D. C.: GPO for the Library of Congress, 1993).

政府設法讓城市大部分的燈亮著。交響樂團和記者離開後，燈又熄了。

難怪自從一九九〇年代起，北韓政府的一項優先考慮事項，就是建造小型和中型的水力發電廠。這些發電廠能夠提供當地的工業用電，而且多半是使用基本技術徒手建造的。經過囚犯們日以繼夜地拚命幹活後，數千座水力發電廠建造完成了。

除了防止經濟瓦解，對於統治北韓的家族而言，這些水壩也是一種意識形態的欺騙手段。根據金日成的偶像化傳記的說法，金日成最重要的思想成就（即他傑出的「主體思想」）就是堅稱，國家的自尊和自力更生是息息相關的。

「偉大領袖」如此解釋：

概括地說，建設主體就是
在自己的國家成為
革命和重建的主人。
這是指堅持獨立立場，
拒絕倚賴別人，
使用自己的大腦，
相信自立的力量，
展現自力更生的革命精神。

> 藉此在任何情況下，
> 自行負責地靠自己
> 解決任何問題。[2]

當然，在北韓政府拙劣的治理下，這一切根本就不可能。北韓一直倚賴外國政府的施捨，如果這些施捨中止，金氏王朝可能就會垮臺。即使在最好的時候，北韓也無法餵飽自己。北韓沒有石油，而它的經濟無法製造足夠的金錢，讓它能夠在世界市場中購買足夠的燃料或食物。

如果沒有中國鼎力相助，北韓可能會打輸韓戰，這個國家可能從此消失，因為中國攻打美國和其他西方軍隊，使戰爭陷入僵局。在一九九〇年代之前，北韓的經濟多半靠蘇聯的補助來維繫。從二〇〇〇年到二〇〇八年，南韓無條件大量供應北韓肥料和糧食，並且進行慷慨的投資，藉此撐住了北韓，並讓自己得到某種程度和平共存的機會。

自從那時候起，平壤就愈來愈倚賴中國提供的優惠貿易、糧食援助和燃料。中國對北韓逐漸增加的影響力顯現在一件事上：金正恩於二〇一〇年正式成為金正日所選出的接班人，而在此之前幾個月，年老體衰的金正日兩度去到北京。外交官說，這兩趟中國行的目的，就是請求

---

2 Yuk-Sa Li，ed., Juche! The Speeches and Writings of Kim Il Sung (New York: Grossman Publishers, 1972), 157，收錄於二〇〇三年春季的 Stanford Journal of East Asian Affairs 1, no. 1, 105。

中國同意他的接班計畫。

儘管如此，北韓仍然對外宣揚自力更生，將這件事視為北韓大肆宣傳的一個目標的必要條件：在二〇一二年之前（即金日成的一百歲冥誕之前），成為「一個偉大、富足的強國」。

為了達到這個美好的目標，政府經常徵召群眾投入以高貴口號包裝的苦役中。這些口號可能創意十足，饑荒重新被包裝成「苦難行軍」。這是一場愛國戰鬥，而北韓以一個激勵人心的口號來鼓勵人民打贏這場戰鬥：「讓我們一天只吃兩餐」。

二〇一〇年春天，糧食短缺再度加劇，所以政府發起一項大規模的「回歸農場」運動，說服城市居民下鄉種植莊稼。這些城市居民將成為「種稻戰鬥」永遠的增援部隊，這種年度運動將辦公室職員、學生和軍人送到鄉下。春天時，他們在那兒待兩個月，秋天時，他們在那兒待兩個星期。冬天時，城市居民的責任，就是收集自己的糞便（以及鄰居的糞便），供春天耕種之用。

北韓政府敦促人民負擔的其他緊急愛國任務包括：「讓我們養更多高產量的魚！」「讓我們按照黨的計畫擴展山羊養殖，創造更多草地！」以及「讓我們栽種更多向日葵！」這些勸勉性運動的結果頂多只是有好有壞，而那些極不受歡迎的運動——引誘都市人投入農場的辛苦勞動——尤其是如此。

至於勞改營的水壩計畫，政府沒有這類動員的問題。

如申東赫所目睹的，當守衛宣布大家要重新「合力奮進」，建造一座水力發電水壩時，數千名成年犯人從工廠走到在大同江北岸附近臨時搭建的宿舍。申東赫和同學搬出學校宿舍，他們都在水壩工地工作、用餐和睡覺，而這個工地就位於勞改營中央的東南方六英里左右的地方。

水壩的興建工作日以繼夜地進行著。衛星照片顯示，這座水壩是一個可觀的混凝土建築物，橫跨一條寬闊的河流，緊靠河流北岸的地方有渦輪機和溢洪道。申東赫只看到一部柴油挖土機，大多數挖掘和建造的工作，都是由工人使用鐵鍬、水桶和雙手來進行的。

以前，申東赫看過工人因為饑餓、生病、挨打，或被公開處決而死在勞改營。但，那並不是工作的常態。

在全面性的建造工作展開後不久，最常有工人在水壩工地喪命。一九九八年七月，大同江出現雨季的山洪暴發，數百名水壩工人和學生被滾滾洪水捲走。當時，申東赫正在河岸的一處凸出高地拖運沙土，而他眼睜睜看著他們消失在洪水之中。守衛立即叫他去確認死亡學生的身分，並掩埋他們的屍體。

山洪暴發後第三天，他記得自己背著一位女孩的腫脹屍體。起初，那具屍體還是鬆鬆軟軟的，但不久，屍體就變僵，硬梆梆的手腳往外張開。為了將屍體塞入手挖的狹窄墳墓裡，他得將屍體的四肢推在一起。

洪水沖掉了一些溺死的學生的衣服。當洪珠炫在洪水退去後的殘骸中，發現一具同學的裸露屍體，他脫掉自己的衣服，蓋住那具屍體。

清理工作持續著，申東赫和許多學生搶著找屍體，因為每埋葬一具屍體，守衛就會給他一、兩份米飯作為獎賞。

大同江流經十四號勞改營時的河段太寬、太湍急，即使在北韓的冬天也無法結冰，這使得水壩興建工作可以全年無休地進行。一九九八年十二月，守衛命令申東赫涉水到河流淺灘撿卵石。他無法忍受酷寒，所以，雖然沒有得到守衛的許可，他和幾個學生還是試著從水裡走出來。

「你們從水裡出來，我就讓你們餓死，明白嗎？」守衛大叫。

申東赫不由自主地顫抖，但還是得繼續工作。

學生主要是充當基層工人，常常將鋼筋送到年紀較大的工人那兒。當水壩從河床升起，形成一種水泥磚構成的棋盤圖案，他們會以麻繩或金屬線將鋼筋綁在一起。沒有一位學生戴手套，而在冬天，有時他們的手會黏在冰冷的鋼筋上。有時候，遞出鋼筋時，鋼筋會扯破手掌和手指的皮膚。

申東赫記得一個叫卞淳鎬的同學抱怨說他發燒了，覺得不舒服，而一名守衛給他上了一堂課，教導他堅忍的好處。

「淳鎬，把舌頭伸出來，」守衛說。

他命令男孩將舌頭壓在冰凍的鋼筋上。大約一小時後，眼裡流著淚、嘴巴滲出血的卞淳鎬，才設法讓他的舌頭和鋼筋分開來。

在水壩工作危險重重，但是，申東赫也覺得很開心。主要的原因是食物。雖然那裡的食物並非特別可口，但是他可以一口接著一口大吃。申東赫記得在水壩工地的用餐時間，是他青少年時期最開心的時刻。他恢復了在地下監獄時失去的體重和耐力，可以趕上工作進度，對於自己的生存能力也充滿了信心。

住在水壩附近也讓申東赫獲得些許的獨立。夏天時，數百名學生睡在戶外的一個遮篷下。在白天不工作時，他們可以在布局散亂的十四號勞改營的任何地方走動。由於認真工作，申東赫得到級長的推薦，可以離開水壩工地，去父親那兒住四晚。申東赫並沒有和他父親和好，所以他只在那兒住一晚。

當申東赫的中學時光在一九九九年五月結束時，他已經在水壩工作了一年多。學校不過是奴工區，他從那兒被派去撿石頭、拔草，和建造水壩。但是，畢業意味著在十六歲那一年，他變成一名成年工人。他已經準備接受勞改營分配給他的一份永久工作，一份在勞改營的工作。

申東赫的同學大約有百分之六十都被派到煤礦場，而那地方經常發生塌陷、爆炸和煤氣中毒所導致的意外死亡事件。在地下工作了十至十五年後，許多礦工都得了黑肺病，而大多數的礦工都在四十幾歲時喪命（如果能活到四十幾歲的話）。就申東赫的了解，被派到礦等於是被判死刑。

申東赫的老師決定誰該去哪裡工作。兩年前，這個人給他額外食物，制止同學傷害他，因而救了他一命。他分發工作，但沒有加以解釋，只是三言兩語地告訴學生，他們會在哪裡度過餘生。老師才宣布完畢，新的主人（來自勞改營工廠、礦場和農場的工頭）就來到學校，帶走學生。

老師告訴洪珠炫，他要去礦場。申東赫再也沒有見過他。

十一歲時在礦場失去大腳趾的女孩文成心，被分發到紡織工廠。

申東赫的朋友洪成超曾經證實，申東赫告發他的母親和哥哥，所以申東赫不必再接受酷刑。而現在，他也被分發到礦場，申東赫同樣再也沒有見到他。

也許這種分發方式有一個邏輯依據，但是申東赫看不出來。他認為這一切只是老師一時的念頭，而申東赫一直無法明白，他腦裡究竟在想些什麼。也許這位老師喜歡申東赫，也許他同情他，也許上級命令他留意這個男孩。申東赫完全不知道。

無論如何，這位老師再度救了他一命，讓他去十四號勞改營的養豬場做他的永久工作。在那地方，兩百名男、女工人養了八百多隻豬，以及山羊、兔子、雞和幾頭牛。這些動物的飼料是在飼養場周圍的田地種出來的。

「申東赫，你被分發到飼養場。要認真工作，」老師告訴他。

在十四號勞改營，沒有一個地方有這麼多的食物可偷。

第十一章
養豬場的空白

申東赫沒有認真工作。

有時，工頭會毆打他和其他沒有好好工作的工人，但他們下手較輕，不至於把人打死。對申東赫而言，養豬場是十四號勞改營最好的地方。偶爾，他甚至會在午後偷偷打盹。

養豬場餐廳供應的三餐，沒有多於水泥廠、紡織廠或礦場，而這裡的食物也沒有比較好。但是在兩餐之間，申東赫可以隨意取用碎玉米，那是他在十一月至七月餵養小豬的飼料。從八月到十月，他在田裡拔草和收割，而在田裡，他可以把玉米、包心菜和其他蔬菜當作點心。有時候，工頭會帶一只鍋子到田裡，而每一個人都可以飽餐一頓。

養豬場位於山區，遠離河流，離申東赫以前就讀的學校，以及他和母親住的房子，大約半小時步行距離。有孩子的女人會步行往返養豬場和住房之間，但是，大多數的養豬場工人都住在養豬場的宿舍。

申東赫睡在一間男生房間的地板上。這裡沒有霸凌的問題，申東赫不必和別人搶奪一塊溫暖的水泥地。他睡得很好。

養豬場有一間屠宰場，一年有兩次，那地方會宰殺五十幾隻豬，而那些豬肉只供守衛和他們的家屬享用。申東赫是囚犯，不能吃豬肉，或飼養場所飼養的任何牲畜的肉。但有時候，他和其他犯人可以偷肉。在飼養場，香氣四溢的烤豬肉會引起守衛注意，然後，守衛就會毆打偷肉的人，並連續數週將他們的食物配給量減半。因此，他們會生吃偷來的豬肉。

在飼養場，申東赫不用思考、談論或夢想外面的世界。

在那裡，沒有人提到讓他的母親和哥哥遭受處決的逃亡計畫，而守衛也沒有叫申東赫告發其他工人。他母親死後將他吞噬的憤怒，已經消退成一種麻木感。在他於地下監獄遭受嚴刑拷打和監禁之前，在他聽到那位叔叔談論圍籬外的世界之前，他對下一餐以外的事物完全不感興趣。

在養豬場，那種消極的空白感回來了。申東赫使用「放鬆」二字，來形容他從一九九九年到二〇〇三年待在養豬場的那段時間。

那幾年，在勞改營外，北韓人的生活絕不是「放鬆」二字所能形容的。

一九九〇年代中期的饑荒和水災，幾乎摧毀了北韓的中央計畫經濟。自從一九五〇年代起，北韓政府就以公共分配系統來餵養大部分北韓人，但是現在，這套系統瓦解了，饑餓讓北韓人陷入驚慌，隨之而來的是以物易物現象的猖獗，以及自由市場的數目和重要性暴增。十個家庭中，有九個家庭靠著以物易物生存下去。[1]此外，也有愈來愈多的北韓人偷偷越過邊界，進入中國尋找食物、工作、貿易機會，或者逃到南韓。中國和北韓都沒有公布數字，但是他們估計，這些經濟移民的人數在數萬至四十萬之間。

金正日嘗試控制亂局，他的政府針對未經許可就擅自旅行的商人設立了一個新的拘留中心。但是，只要拿出餅乾和香煙，往往就能向饑餓的員警和士兵買到自由。主要城鎮的火車站、露天市場和陋巷擠滿了饑餓的遊民，許多出現在這些地方的孤兒，都變成了所謂的「流浪麻雀」。

對於這一切，申東赫一無所知，但是，草根式資本主義、遊民貿易，以及猖獗的腐敗，正在十四號勞改營周圍的警察國家中製造裂縫。

到了一九九〇年代後期，來自美國、日本、南韓和其他捐贈者的糧食援助，緩和了最嚴重的饑荒。但是，這些援助也間接地、意外地激勵了市場女販，以及經常旅行的企業家。在申東赫逃往中國的過程中，這些人為申東赫提供食物、掩護和指示。

和世界各地其他接受援助者不同，北韓政府堅持唯有自己有權運送捐贈的糧食。這項要求

1 Stephan Haggard and Marcus Noland, *Famine in North Korea* (New York: Columbia University Press, 2007), 175.

激怒了最大的捐贈者美國，也阻撓了聯合國的監控技術，這是聯合國世界糧食計畫署在世界各地設計出來的，其目的是為了追蹤援助，並確保預定的接受援助者可以收到援助物資。但是，由於需求十分緊迫，而死亡人數極多，所以西方世界勉強咽下厭惡感，在一九九五年至二〇〇三年之間，將價值十幾億美元的糧食送到北韓。

在這幾年，北韓難民抵達南韓，並告訴南韓政府官員，他們在自由市場見到有人出售這些捐贈的米、麥、玉米、植物油、脫脂奶粉、肥料、醫藥、冬日衣服、毛毯、腳踏車，以及其他救援物資。在這些市場拍到的照片和錄影帶中，也可到一袋袋標示著「美國人贈品」的穀物。

按照外界學者及國際援助機構的估計，北韓的官僚、黨官員、軍官，和其他有地位的政府高層，竊取了百分之三十的援助物資。他們將這些物資賣給民間商人（常常要他們以美元或歐元購買），並且以政府的車輛運送這些物資。

無意間，富有的捐贈國家為北韓街頭貿易的髒亂世界注入了一劑興奮劑。有利可圖的偷竊國際救援物資的行為，讓政府高層渴望撈上一筆得來不費工夫的錢，因為此舉有助於將自由市場轉變成國家主要的經濟發動機。

今日，北韓人的食物大多來自自由市場。大部分的外界專家都說，一九九〇年代那種釀成大災難的饑荒不可能重現，而他們所持的基本理由，就是自由市場的出現。

然而，這些市場根本無法終結饑餓或營養不良，而且似乎提高了不公平現象，製造了掌握交易途徑者和沒有掌握交易途徑者之間的裂縫。

在一九九八年年末，即申東赫被分發到養豬場前幾個月，世界糧食計畫署針對百分之七十的北韓孩童進行一次營養調查，結果發現，接受調查的孩童當中，有三分之二發育不良，或體重過輕。這個數字是當時已經結束漫長內戰的安哥拉的兩倍，而當這項調查結果公布於世時，北韓政府大發雷霆。

十年後，雖然北韓自由市場有了穩固的基礎，正在販賣進口水果和中國製ＣＤ播放機之類的商品，但是，根據世界糧食計畫署的營養調查，為孩童和老年人設立的國營機構所提供的營養幾乎沒有任何改善（北韓政府容忍聯合國進行這項調查，作為獲得援助的條件）。

一位參與二〇〇八年糧食調查的營養學家告訴我：「那些孩子看起來非常憂愁、憔悴、可憐。」她也曾參與在一九九〇年代後期所進行的營養調查，而她認為，雖然市場擴展了，但是北韓許多地方仍然存在著長期饑餓和嚴重營養不良的問題。

國際營養調查也發現一種普遍的、和地理因素有關的不公平模式。在北韓偏遠的省份（敵對階級的家鄉），饑餓、發育不良和萎縮病的問題，比平壤或平壤附近的嚴重上三、四倍。

如同申東赫在勞改營所發現的，對於沒有權力的北韓人而言，在長期饑餓中，最安全的居住地就是農場。所有的跡象都顯示，農夫（除了土地被洪水沖走者）比都市居民更能安然熬過饑荒。即使他們在合作農場工作，而這些農場所生產的作物屬於國家，他們仍然能夠將食物藏起來、存起來，也能夠將食物賣出，取得現金，或者拿食物來換取衣服和其他必需品。

在饑荒、糧食分配系統瓦解，以及自由市場興起之後，政府沒有什麼選擇，只能提供更高的價錢給農民，並且進一步鼓勵農民生產更多糧食。在二〇〇二年，小片土地的私人耕作合法化了，這使得更多私人農場和市場之間的交易得以進行，而這種現象提高了商人的力量，以及從事生產的農夫的自主性。

然而，金正日從來不喜歡市場改革，他的政府宣稱，這種改革是「淋上蜂蜜的毒藥」。平壤的黨報《勞動新聞》寫道：「在資本主義和非社會主義元素開始萌芽時，就必須斷然絕然阻撓這些元素。一旦我們容忍帝國主義的意識形態毒害和文化毒害，即使面對刺刀仍然不動搖的信心，也勢必會崩解，像一道未乾的泥牆。」

在北韓的城市和小鎮欣欣向榮的資本主義，雖然削弱了政府對於日常生活的控制，但並沒有讓國家變得更加富有。金正日公開抱怨說：「坦白說，國家沒有錢，但是個人的錢倒是值兩年的預算。」[2]

他的政府展開反擊。

朝鮮人民軍是金正日政府於一九九九年正式宣布的「軍事第一」目標的成員，但是，一天三次，一百多萬名士兵等著填飽肚子。因此，朝鮮人民軍開始大肆沒收許多合作農場所生產的一切食物。

---

2 Wonhyuk Lim, "North Korea's Economic Futures" (Washington, D. C., Brookings Institution, 2005).

權泰鎮是南韓政府贊助的韓國農村經濟學院的一位北韓農業專家，他在首爾告訴我：「採收農作物時，軍人開著自己的卡車去到農場奪取食物。」

權泰鎮說，在最北的地區，軍隊取走了穀物生產總量的四分之一。在過去，這些地區的糧食供應往往短缺，在政治上，這裡的農民也被視為和政府敵對者。在北韓其他地方，軍隊奪走當地穀物生產總量的百分之五至七。為了確定國營農場的工人沒有少給軍隊食物，收成期間，軍隊在所有三千多座國營農場派駐士兵。當數萬名城市居民被帶到農場協助秋收，士兵監視他們，確保他們沒有竊取食物。

當士兵永久部署在農場上，腐敗就出現了。權泰鎮說，農場管理人向士兵行賄，所以士兵對大規模的竊取食物視而不見。後來，這些食物就被賣到自由市場。根據許多叛逃者的說法和援助團體的報告，腐敗的士兵團體之間發生爭吵，而這種爭吵偶爾導致拳鬥和槍戰。二〇〇九年，在北韓有線民的佛教援助團體「好朋友」說，在一次玉米引發的打鬥中，一位國營農場的士兵被鐮刀刺死。

申東赫被關在養豬場裡，完全不曾聽過街頭交易、腐敗，以及法律管轄之外的城市間的旅行，雖然不到兩年，這種旅行方式將協助他逃往中國。

他被監禁在一座山頂上，那是一座勞改營之內的勞改營。在此，他平靜地、迷迷糊糊地度過青少年時期的最後幾年。他將頭壓低，什麼都不想，只專注於偷食物。關於那幾年，他最鮮明的記憶就是有一次，他烤著偷來的豬腸，但被逮個正著。他挨了打，守衛連續五天不准他吃東西。此外，有三個月，他在餐廳的食物配給量減少了一半。

當他在農場度過二十歲生日，他相信他已經找到老死的地方。

但是，養豬場插曲突然於二〇〇三年三月結束。因為不曾被解釋的原因，申東赫被調到勞改營的成衣工廠，那是一個擁擠、雜亂、緊張的工作場地，兩千個女人和五百個男人擠在那兒縫製軍服。

在成衣工廠，申東赫的生活再度變得複雜，得持續面對完成規定生產量的壓力，也得再度面對告密的壓力，而守衛在工廠的女裁縫之間尋找性。

工廠也有一個新人，一個來自平壤、受過良好教育的犯人。他曾在歐洲求學，也曾住在中國。他會向申東赫談到他所錯過的一切。

第十二章 縫紉機和告密者

一天二十四小時，一千個女人輪班縫製軍服。當那些時好時壞的腳踏縫紉機故障了，中東赫就得修理。

他管理五十幾部縫紉機，以及操作縫紉機的女裁縫。如果縫紉機沒有縫出每日規定的軍服量，中東赫和女裁縫就得被迫做「苦哈哈的丟臉工作」，那是指在廠房多待兩小時，通常是從晚上十點到半夜。

經驗豐富的女裁縫可以讓機器正常運作，但是新來的、笨手笨腳的，或病懨懨的女裁縫則沒辦法。縫紉機是十四號勞改營的一座鑄造廠以鑄鐵製造出來的，若要修理一部故障的縫紉機，中東赫和其他修理工必須將機器扛在背上，背到樓上的修理車間。

額外的苦工激怒了許多修理工，而他們將怒氣發洩在女裁縫身上。他們會抓住女裁縫的頭髮，讓她們的頭撞牆，並踢她們的臉。工廠的工頭是守衛從囚犯當中選出來，而他們中選的原因，就是個性粗暴。當女裁縫挨打，工頭往往看向別的地方。他們告訴申東赫，恐懼可以激發生產量。

申東赫仍然瘦瘦小小的，但他不再是一個消極、營養不良的孩子，也不再是一個因為遭受酷刑而精神受創的孩子。在他待在工廠的第一年，他和另一個縫紉機修理工對抗，向自己和其他工人證明了這件事。

孔真秀脾氣火爆，當他所負責的一位女裁縫弄斷了縫紉機的車軸，申東赫看到他火冒三丈，踢女裁縫的臉，直到她倒在地板上。

當孔真秀向一位和申東赫一起工作的女裁縫要一個壓腳，她三言兩語地拒絕她。

「賤貨，如果修理員向你要一個零件，你得給他。你眼睛往上看些什麼？」孔真秀說。在申東赫的注視下，孔真秀朝她的臉打一拳，讓她流鼻血。

申東赫沉不住氣了，做出一件令自己和那女裁縫都大吃一驚的事。他抓住巨大的扳手，用力朝孔真秀的腦袋揮過去，想讓他腦袋開花。孔真秀及時舉手保護他的頭部，扳手嘎吱一聲落在他的前臂上。

孔真秀發出哀嚎，倒在地上。曾經訓練過申東赫的值班工頭趕過來，看到他眼裡冒火，拿著扳手，站在孔真秀上面，而孔真秀那只血跡斑斑的手出現如雞蛋大的腫塊。工頭打了申東赫一巴掌，奪走他的扳手，而那位女裁縫回去縫紉衣服。從那時候起，孔真秀就對他敬而遠之。

成衣工廠是由七棟散亂的建築物所構成的，在衛星照片上，這些建築物皆清晰可見。這座工廠位於大同江附近，第二號河谷的入口，離水力發電水壩和製造玻璃和瓷器的工廠不遠。

在申東赫待在成衣工廠的那段時間，工廠周圍的場地有宿舍，裡面住著兩千名女裁縫、五百名男性縫紉機修理工、服裝設計師、工廠維修員，以及運送員。工廠的管理人是那地方唯一的波伊萬，其他所有的工頭（包括「重班姜」，即工頭長）都是犯人。

在工廠工作期間，申東赫天天和數百名十幾歲到三十幾歲的女性親密接觸。有些女性非常迷人，而她們的性特徵在廠房製造了緊張氣氛。部分原因是她們那不合身的制服，此外，她們不穿胸罩，也沒有幾個人穿內衣，衛生棉則根本無法取得。

申東赫是一個二十一歲的處男，待在這些女人當中讓他緊張兮兮。她們引起他的興趣，但是他擔心勞改營的規則：沒有事先獲得許可就發生性行為的犯人，將被處死。申東赫說，他很謹慎，避免和任何女人有瓜葛。但是，對於工廠管理人和少數幾個受到偏愛、當工頭的犯人而言，性行為的禁令根本無關緊要。

工廠管理人是一名三十幾歲的守衛，他在女裁縫當中走來走去，就像牛隻拍賣會的買家。申東赫看著他每隔幾天挑選一個不同的女孩，命令她們打掃他那位於工廠內的房間。沒有打掃管理人房間的女裁縫，是工頭長和其他執行監督工作的犯人的迫害對象。

除了順從，女人沒有其他選擇。但是，她們也可得到一些好處，至少短期內是如此。如果她們得到管理人或某位工頭的歡心，可以少做多吃。如果弄壞了縫紉機，也不會挨打。

一位經常打掃管理人房間的女裁縫是朴春英，申東赫從中學就認識她，而她所操作的縫紉機是他負責維修的。朴春英二十二歲，長得很漂亮。在她連續四個月在工廠管理人家度過下午後，申東赫聽另一位以前的同學說，她懷孕了。

沒有人透露她的情況，但是，她的肚子開始從制服下凸出來。然後，她消失了。

申東赫學會從縫紉機的聲音聽出它的毛病，但是，當他必須將笨重的機器扛到修理車間，他就沒有那麼得心應手了。二〇〇四年夏天，當他背著一部縫紉機爬上樓梯，機器從他手中滑落，掉到樓梯井摔壞，無法修理了。

他的直接上司是一位工頭，當申東赫在工廠學習這一行的知識時，他一直對他很有耐心。然而，當他知道機器摔壞，他打了申東赫幾巴掌，然後向工廠的指揮系統報告損害情形。他們認為縫紉機的價值高於犯人，毀壞縫紉機是一項大罪。

摔壞縫紉機後幾分鐘，申東赫和工頭長，以及報告這次意外的廠房工頭，一起被叫到工廠管理人的辦公室。

「你腦子裡在想什麼？」管理人對申東赫大叫：「你想死嗎？你連抓住機器的力氣都沒有？這怎麼可能，你一直吃得很飽。」

「即使你死了，縫紉機也要不回來了，」管理人補充道：「問題在於你的手。把他的手指剁掉！」

工頭長抓住申東赫的右手，壓在管理人辦公室的桌子上，然後以一把菜刀剁掉他中指的第一個指節。

申東赫的工頭扶他離開管理人的辦公室，護送他回到廠房。在那一晚，工頭帶申東赫到勞改營的保健中心，在那兒，一位當護士的犯人將他的手指泡在鹽水裡，然後縫合傷口，並以布將手指包紮起來。

然而，傷口仍受到感染，但申東赫記得當他被關在地下牢房時，那位叔叔曾以加鹽的包心菜湯塗抹他的傷口。因此用餐時，申東赫便將手指浸入湯裡。感染沒有擴散到骨頭，三個月內，粗粗短短的手指就長出新皮，癒合了。

受傷後的頭兩天，申東赫的工頭在工廠補他的缺。那是一個出人意外的關懷動作，讓申東赫有時間休養。但是，那位好心的工頭沒有在這個職位待很久。在申東赫摔壞縫紉機後幾個月，他和他的妻子都消失了。申東赫聽其他修理員說，那位工頭的妻子去樹林工作時，無意中在一座山谷看到一次祕密處決。

那位工頭在消失前，曾拿一樣禮物來給申東赫。

「這是米粉，你父親要給你，」那位工頭說。

聽到父親兩個字，申東赫怒不可遏。雖然試著壓抑，但自從他母親和哥哥死後，他對他們的怨恨就愈來愈強烈，而這種情形也侵蝕了他對父親的感覺。申東赫不想和他有任何瓜葛。

「你吃，」申東赫說。

「這是你父親給你的，你不要嗎？」工頭一臉困惑地說。

儘管肚子很餓，但申東赫不願吃。

有那麼多犯人擠在工廠工作，難怪工廠成了告密的溫床。

摔壞縫紉機後幾個星期，一個一起工作的犯人出賣了申東赫。他的班次沒有完成那日規定的生產量，所以他和其他三名修理工必須做「苦哈哈的丟臉工作」，直到半夜過後才回到宿舍房間。

他們都很餓，所以一名修理工建議說，工廠的菜園有包心菜、萵苣、小黃瓜、茄子和蘿蔔，他們可以去偷蔬菜吃。那時正在下雨，沒有月光，他們猜想不太可能被逮到。他們溜到外面，偷了一大把蔬菜，然後帶回房間吃，吃完就睡了。

隔天早上，這四人被叫到工廠管理人的辦公室，有人向管理人報告他們在半夜偷吃蔬菜。工廠管理人拿棍子打每個人的頭，然後叫一位修理工姜萬福離開辦公室。告密者嗅得出誰是告密者，申東赫憑直覺知道，姜萬福告了密。

管理人給三個留下來的修理工一個懲罰：連續兩個星期，他們的食物配給減半。然後，他又拿棍棒朝他們的腦袋打幾下。回到宿舍後，申東赫注意到，姜萬福不願直視他。

不久，申東赫就被要求監視其他工作者。工廠管理人把他叫到辦公室告訴他，為了洗掉他母親和哥哥的罪，他必須檢舉違規者。申東赫花了兩個月時間，才找到一個違規者。

一天晚上，當他躺在地板上，無法入睡，他看到一個室友站起來，開始縫補工作褲。他是一名搬運工，叫姜哲民，年紀大約二十八、九歲。他以一塊做軍服的布來補褲子的破洞，而那塊布顯然是從工廠偷來的。

隔天早上，申東赫去找工廠管理人。

「老師，我看到一塊偷來的布。」

「真的嗎？誰拿那塊布？」

「是我房間裡的姜哲民。」

那一晚，申東赫在工廠工作到很晚，他和其他幾個縫紉機修理員，是最後去參加十點鐘的意識形態鬥爭會的犯人。那是他們都必須參加的自我批判會。

他才走進會場，就看見姜哲民。他跪著，被鏈子綁住，赤裸的背部已經布滿鞭痕。他的祕密女友跪在他身旁，同樣被鏈子綁住。她是一名女裁縫，申東赫聽過有關她的傳言。在九十分鐘的集會中，他們一直默默跪著。集會結束時，工廠管理人命令每一個工人離開會場時，打姜哲民和他女友耳光。他們兩人都挨了申東赫的耳光。

申東赫聽說，後來他們被拖到外面，被迫另外在水泥地板上跪幾個鐘頭。這兩人一直猜不透是誰檢舉他們偷布。申東赫儘量避開他們的眼光。

申東赫2009年從南韓搬到南加州，和人權團體「自由北韓」合作，後來住在西雅圖（2011，作者在西雅圖拍攝）。

北韓領導人金正恩和申東赫年紀相近。2010年，金正日這位鮮為人知的小兒子出現在全球記者會上。當他的父親在一年後過世，北韓國家媒體讚揚他是「上天賜下的另一位領袖」。

執政 17 年後，金正日於 2011 年死於心臟病發。這位繼承其父獨裁統治的「親愛領袖」於 2008年中風，之後就開始訓練他的小兒子接班。

金日成是創立北韓的獨裁者，儘管他已於 1994 年過世，他仍然是北韓的「永恆領袖」。在這張沒有日期的官方照片裡，他在北韓中央圖書館「人民大學習堂」發表著名的「現場」指示。

這是一幅理想化的金正日畫像，是在北韓各地永久展出並受到妥善保存的無數「親愛領袖」的畫像、照片和雕像之一（作者拍攝）。

金氏家族的個人崇拜始於「偉大領袖」金日成，政府將他描述成人民的慈父。雖然他的統治手法極其殘暴，但是當他於 1994 年過世，人民都深切哀慟（作者拍攝）。

申東赫在十四號勞改營的老師是穿著制服的守衛，他們都攜帶手槍，申東赫目睹其中一名守衛以教鞭活活打死他的六歲同學。

勞改營的孩童經常吃老鼠、昆蟲，以及在牛糞裡找到的未消化玉米粒。

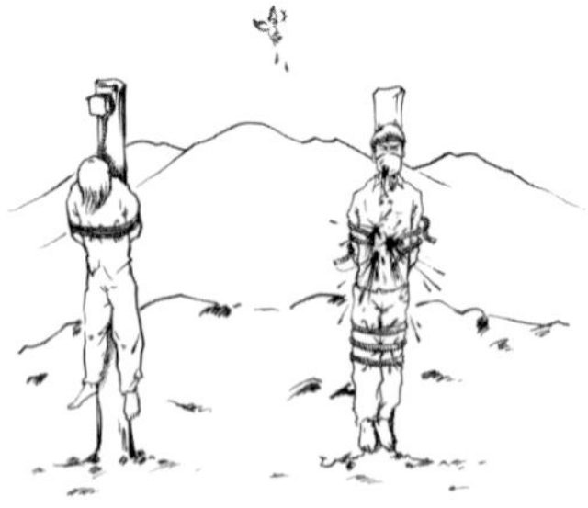

申東赫看著他的母親和哥哥因為計畫逃亡，而被絞死和槍決。雖然有十五年，他沒有告訴過任何人，但他知道，是自己一手促成了他們被處決。

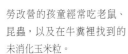

在母親和哥哥遭到殺害之前，申東赫在十四號勞改營內的一座祕密地下監獄被關了七個月。當時他十三歲。

在地下監獄，守衛將申東赫掛在炭火上，對他施加嚴刑拷打，想要逼問他在母親和哥哥逃亡計畫中所扮演的角色。為了不讓他因為被火燒而扭動，守衛拿金屬鉤刺住他的腹部。

在勞改營的成衣工廠工作時，申東赫摔壞一部縫紉機。為了懲罰他，守衛拿刀剁掉他的中指第一個指節。

申東赫經常回到南韓，想要提高人們對北韓勞改營的注意，而南韓經常不太有興趣。在這張2009年的照片裡，申東赫站在首爾中部的一座寺廟前（作者拍攝）。

作者在南韓、南加州和華盛頓州的西雅圖對申東赫進行訪談。在這張2009年的照片裡，申東赫和作者站在首爾的一間路易·威登專門店前面。

在加州的托蘭斯，申東赫和人權團體「自由北韓」的實習生住在一起。他喜歡組屋裡那種略顯混亂、充滿同志情誼的環境。多達十六名年輕人在那裡一起吃住（作者拍攝）。

讀過《華盛頓郵報》上有關申東赫的報導，住在俄亥俄州哥倫布市的羅威爾和琳達．戴伊夫婦，出錢讓申東赫從南韓搬到加州。申東赫叫他們「爸爸和媽媽」。這張二〇〇九年的照片是在紐約一處人權活動會場所拍攝的（感謝戴伊夫婦提供）。

申東赫一直很難適應十四號勞改營以外的生活。「我正從動物演化成人類，」他說：「但這是一個非常緩慢的過程。有時我試著哭哭笑笑，像別人那樣，想要看看我會有什麼感覺。」（2008，作者攝於首爾）。

第十三章 令人著迷的犯人故事

工廠管理人給申東赫另一份工作。

朴永哲身材矮壯，有一頭蓬亂的白髮，是一名重要的新犯人。他曾在國外住過，他的妻子出身名門，而他認識北韓政府的資深官員。

工廠管理人命令申東赫教朴永哲修理縫紉機，並和他做朋友。只要朴永哲談到他的過去、他的政治觀，以及他的家人，申東赫就必須向工廠管理人報告。

「朴永哲必須認罪，他沒有對我們說實話，」工廠管理人說。

從二〇〇四年十月開始，申東赫和朴永哲一天在成衣工廠共處十四個小時。朴永哲客客氣氣地聆聽申東赫教導他如何維修縫紉機，也客客氣氣地迴避所有關於他過去的問題。申東赫無法從他那兒套出什麼話來。

然後，經過了四個星期的沉默，朴永哲問了一個個人問題，讓申東赫感到很意外。

「先生，你家在哪裡？」

「我家？我家在這裡，」申東赫說。

「我是從平壤來的，先生，」朴永哲說。

和申東赫說話時，朴永哲使用代表尊敬的名詞和動詞結尾。在韓文裡，這種說話方式代表申老師比朴同學資深和優越。朴永哲四十幾歲，是一個高尚的人，但是講起話來卻如此客套，這一點惹惱了申東赫，也讓他覺得很尷尬。

「我比你年輕，請不要對我使用尊稱，」申東赫說。

「好，」朴永哲說。

「順便問一下，平壤在哪裡？」申東赫說。

申東赫的問題讓朴永哲目瞪口呆。

然而，這位長輩並沒有笑他，或輕視他的無知。相反地，這件事似乎引起他的好奇心，所以他詳細解說，平壤位於十四號勞改營以南約五十英里，是北韓的首都，北韓所有有權有勢的人都住在那兒。

申東赫的天真打破了兩人之間的僵局，朴永哲開始談論自己。他說他在平壤一間又大又舒適的公寓長大，和北韓上流階級一樣，他享有受高等教育的特權，曾到東德和蘇聯留學。回國後，他成為平壤跆拳道訓練中心的主任。朴永哲說，這個備受矚目的職位讓他遇見了許多北韓的高官。

朴永哲以他那隻沾滿油污的右手摸一架縫紉機，然後說：「我曾以這隻手和金正日握手。」

朴永哲看起來像一個運動員，他的手又大又厚，身材相當強壯，雖然腰圍有點粗。但是，令申東赫印象深刻的，是他莊重得體的言行舉止。他沒有讓申東赫覺得自己很愚蠢，也耐心向他解釋十四號勞改營（以及北韓）以外的生活。

如此，為期一個月的一對一課程展開了，並且永遠改變了申東赫的生命。

當他們走在工廠的廠房，朴永哲告訴申東赫，北韓旁邊的大國叫中國，而中國人正在迅速致富。他說南方有另一個韓國，他說，在南韓，人人都已經很有錢了。朴永哲解釋錢的概念，並且向申東赫描述電視、電腦和手機的存在。他也解釋說，地球是圓的。

朴永哲所談論的（尤其是起初所談論的），多半是申東赫難以了解或相信的，或是他所不在乎的。他對於世界如何運作沒有特別的興趣，只喜歡聽那些有關食物和吃的故事，也一直求朴永哲說這些故事。當朴永哲談到以烤肉為主菜的時候，他聽得尤其津津有味。

朴永哲的故事讓申東赫晚上睡不著覺，不斷幻想一種更美好的生活。部分原因是因為工廠的工作繁重，讓人累垮，而三餐老是吃不飽，工作時間卻沒完沒了，申東赫總是餓著肚子。但是，還有別的原因，那是深埋在他記憶裡的一件事，一件他十三歲時，在地下牢房掙扎著從燒傷中復原時的事。當時，那位年長的獄友，即那位叔叔，曾以美味大餐的故事激發了他的想像。他要他夢想著有一天，他能夠離開勞改營，然後要吃什麼就吃什麼。在申東赫的心目中，自由不過是烤肉的另一種說法。

地下監獄的那個老人曾在北韓吃香喝辣，但是，朴永哲的味覺之旅遍及全球。他描述中國、香港、德國、英國和前蘇聯那些令人垂涎的雞肉、豬肉和牛肉。申東赫愈聽這些故事，就愈想要離開勞改營。他渴望去一個地方，在那兒，即使像他這種無名小卒，也能夠走進餐廳，然後飽食米飯和肉。他幻想著和朴永哲一起逃出勞改營，因為他想要和他吃得一樣好。

他應該出賣朴永哲，但這個犯人的故事讓他著迷，所以有生以來，申東赫作了第一個自由選擇。他選擇不告密。

這件事讓他思考如何生存的方式有了重要轉變。就申東赫的經驗而言，告密可以得到好處。行刑人處死了他的母親和哥哥，但是，告密解救他脫離行刑人之手。那次處決後，也許同樣是因為告密，所以他的中學老師務必讓他有東西吃，也制止同學欺負他，並且讓他到養豬場做一份輕鬆的工作。

雖然申東赫決定尊重朴永哲對他的信任，但是，這不表示他對是非的本質有了新的見解。回顧這件事，申東赫認為基本上，他的行為是出於自私。如果他告發朴永哲，他會得到更多包心菜，甚至可能晉升為工頭，如此一來，他就有了擄掠女裁縫的特權。

但是，對申東赫而言，朴永哲的故事更有價值，聽他說這些故事已經變成一種不可或缺、讓他精神為之一振的癮；改變他對於未來的期待，也帶給他籌劃未來的意志力。他相信如果不多聽一些，他就會發瘋。

當申東赫向工廠管理人報告時，他說了一個很棒的、帶來釋放感的謊。他說朴永哲沒有什麼可說的。

十年前在地下監獄，申東赫那位年長的獄友有膽量談論勞改營外的食物，但是，那位叔叔從來沒有談論過自己或自己的政治觀。他很謹慎，對申東赫抱著疑心，所以有所保留。他猜想申東赫是告密者，所以不信任他。申東赫沒有生氣，他認為這是正常的，因為只要你信任誰，你就可能會遭到槍決。

然而，經過起初的沉默後，朴永哲不再懷疑申東赫了。顯然他相信申東赫是無知的，而且值得信任。所以，他開始說起他的遭遇。

朴永哲說，他在二〇〇二年失去平壤跆拳道訓練中心主任的職位，因為他和一位中級共產黨官員發生爭吵，後者顯然向政府高層官員告發他。因為失去工作，他帶著妻子去北邊的邊界，偷渡到中國，在他叔叔家住了十八個月。他們打算回到平壤，因為他們將一個十幾歲的孩子留在他父母那兒。

待在中國時，朴永哲天天收聽南韓的廣播，仔細聆聽有關黃長燁的報導。黃長燁是建設北韓意識形態的主導者，也是叛逃官員中位階最高的。他在一九九七年逃出北韓，現在，他已經是首爾的名人。

當中東赫和朴永哲在成衣工廠巡視，朴永哲解釋，黃長燁批評金正日將北韓變成一個腐敗的封建國家。（金正日政府在二〇一〇年派遣特務去暗殺黃長燁，這些特務在首爾遭到逮捕，而黃長燁在那一年壽終正寢，享年八十七歲。）

二〇〇三年夏天，朴永哲帶著妻子和在中國出生的兒子離開中國，回到北韓。他想要趕回平壤，在八月的最高人民會議選舉中投票。這個機構雖然是北韓的國會，但其實只是政府政策的應聲蟲。

北韓選舉只是空洞的儀式，候選人是朝鮮勞動黨選出來的，而且沒有競爭對手。但是朴永哲擔心，如果他沒有回來投票，政府會注意到他不在北韓，會宣布他是叛國賊，並將他的家人送到勞改營。北韓的投票不是強制性的，但是政府會留意誰沒有來投票。

北韓官員在邊界扣押朴永哲和他的家人。他嘗試讓他們相信，他不是叛逃者，他只是去中國探望家人，而且正要回家投票。但是，官員不相信他，他們控告他改信基督教，而且是南韓派來的間諜。經過幾輪偵訊，朴永哲和他的妻兒都被送入十四號勞改營。二〇〇四年秋天，朴永哲被派到勞改營的成衣工廠

當中東赫遇到朴永哲，朴永哲很氣自己回到北韓。他的愚蠢讓他失去自由，而他告訴中東赫，不久他也將失去妻子。

他的妻子打算和他離婚。朴永哲說，她來自平壤一個顯赫的家族，在黨裡面有良好的人脈。此外，她嘗試讓勞改營的守衛相信，雖然她丈夫是一名政治犯，但她只是一個忠實而順服

的妻子。

雖然朴永哲惱怒北韓的腐敗、妻子還有自己；但是，他一直維持自己的尊嚴，尤其是在用餐時。

申東赫覺得這件事令人難以置信。在用餐時間，他在勞改營所認識的每個人都像慌張的動物。然而，即使很餓，朴永哲從不慌張。當申東赫在工廠抓到老鼠，朴永哲堅持他們要有耐心，一直等到有火爐或火，並將老鼠攤在鐵鍬頂端徹底烤熟後，才會讓申東赫吃。朴永哲也有心情愉快的時候，而申東赫認為，有些時候他實在是太過分了。就拿他唱歌來說吧。

在廠房上夜班時，朴永哲會突然唱起歌來，這讓申東赫感到很驚慌。

「嘿，你以為你在做什麼？」申東赫問他，擔心工頭會聽見。

「唱歌，」朴永哲說。

「立刻停下來，」申東赫告訴他。

申東赫從來沒有唱過歌。在農場上，犯人除草時，卡車上的擴音器會播放軍樂，那是他接觸音樂的唯一機會。對申東赫而言，音樂似乎是一種不自然、危險而荒唐的東西。

「你想不想和我一起唱？」朴永哲問。

申東赫拚命搖頭和揮手，試著讓朴永哲安靜下來。

「在這個時候，誰會聽見我唱歌？跟我唱一次，」朴永哲說。

申東赫拒絕了。

朴永哲問他，如果他願意聽他以煽動性的口吻說，金正日是個賊，而北韓是一個地獄，為什麼他會害怕一首小曲子？

申東赫解釋說，他之所以容忍那些事，是因為朴永哲很明智，會壓低音量說話。「我希望你不要唱歌，」申東赫說。

朴永哲同意不唱歌，但是幾分鐘後，他又唱起來了，並且說，他願意教他歌詞。雖然申東赫充滿了疑惑和恐懼，但是他聽朴永哲唱，也跟著他唱，但壓低了音量。

最近的叛逃者說，這首「冬至之歌」，是北韓國家電視台一個十分受歡迎的節目的主題曲，而這首歌的歌詞，是在描述旅行中的伴侶如何忍受艱辛和痛苦。

當我們走在人生的漫漫長路，
我們將永遠是溫暖的旅行伴侶，
一起對抗狂風暴雨的襲擊。
一路上，我們有歡樂，也有苦難，
而我們將克服困難，將忍受生命的風風雨雨。

至今，這首歌仍然是申東赫唯一知道的歌。

在十一月，即朴永哲被派到成衣工廠後不久，四個波伊萬守衛突然來到犯人在晚上的自我批判會，而其中兩名守衛是陌生面孔，申東赫相信他們來自勞改營外。

自我批判會結束後，守衛長說，他想談一談蝨子的問題，那是勞改營的一個長期問題。守衛長命令身上有蝨子的犯人站出來。

一男一女站出來，他們是他們的宿舍房間的領導人，而他們說，在他們的宿舍裡，蝨子已經失控了。守衛給他們每人一只水桶，水桶裡有一種混濁的液體。申東赫覺得那東西聞起來像農藥。

為了說明那種液體可以有效控制蝨子，守衛要五男五女在他們受到感染的宿舍房間裡，以那種液體洗澡。當然，申東赫和朴永哲都長了蝨子，但是他們沒有機會使用這種治療法。

大約一週後，所有用這種液體洗過澡的十名犯人都長了癬。數週後，他們的皮膚開始壞死並剝落，而他們也發高燒，無法工作。申東赫看到一輛卡車抵達工廠，然後看著生病的犯人上了卡車。他再也沒有見過這些人。

就在那時候，二〇〇四年十二月中旬，申東赫認為他受夠了，也開始思考逃跑的事。

因為朴永哲的緣故，這些想法變得可行，他改變了申東赫和別人往來的方式。的確，他們的友誼打破了跟著他一輩子的生存模式，那種謹慎、提防和出賣的生存模式，而那可以追溯到他和他母親之間充滿怨毒的關係。

申東赫不再是俘虜者的奴隸，他相信他找到了一個可以幫助自己存活下來的人。

在許多方面，他們的關係就像在納粹集中營裡，那種充滿信任和相互保護的友誼關係，那種使犯人得以活下來，並保持清醒的結合力。研究者發現，在那些集中營，如果你想存活下來，至少得找到一個相互扶持的朋友，不能只是獨自一個人。

艾爾默．路赫特漢德是耶魯大學的社會學家，曾對五十二名剛剛從集中營出來的倖存者進行訪談，他說：「兩個朋友在一起，可以讓犯人維持人性的外觀。」[1]

當你在集中營有一個朋友，你們為對方偷食物和衣服，交換小禮物，並且擬定未來的計畫。如果其中一人因為饑餓，而在黨衛軍面前昏倒，另一人可以扶他起來。

尤金．維斯托克是比利時的反抗鬥士，出生於匈牙利的猶太人，在一九四三年被送到布亨瓦德集中營。[2]他說：「生存……完全是與人建立關係的結果，不是個人的運氣。」

一對好朋友，如果其中一個人死了，另一個往往也無法存活。安妮．法蘭克是納粹時期最

1 Elmer Luchterhand, "Prisoner Behavior and Social System in the Nazi Camp," *International Journal of Psychiatry* 13 (1967), 245-64.

2 Eugene Weinstock, *Beyond the Last Path* (New York: Boni and Gaer, 1947), 74.

著名的日記作者，而在柏根貝爾森集中營認識她的人說，讓她喪命的，不是饑餓，也不是斑疹傷寒；在她姐姐瑪歌死後，安妮就失去了活下去的意志力。[3]

和納粹集中營一樣，北韓的勞改營使用監禁、饑餓和恐懼來製造一種斯金納箱，一種封閉的、受到嚴密監控的房間。在裡面，守衛全面控制著犯人。[4]然而，奧許維茲集中營只存在三年，而十四號勞改營卻是一個存在五十年的斯金納箱，一種持續進行的鎮壓和思想控制的縱觀實驗。在實驗中，守衛讓兩個犯人結合並生孩子，而從孩子一出生，他們就控制、孤立他們，讓他們彼此對抗。

申東赫和朴永哲的友誼是個奇蹟，就是這種友誼迅速摧毀了這個斯金納箱。

朴永哲的精神、尊嚴，以及他所提供的煽動性資訊，帶給申東赫一種誘人的東西，一種令人無法忍受的東西——一種供他幻想未來的背景或方式。

他突然明白他身在何處，突然明白他所錯失的一切。

十四號勞改營不再是家，而是一個令人憎惡的牢籠。

---

3 Ernest Schable, "A Tragedy Revealed: Heroines' Last Days," Life (August 18, 1958), 78-144. Cited by Shamai Davidson in "Human Reciprocity Among the Jewish Prisoners in the Nazi Concentration Camps," *The Nazi Concentration Camps* (Jerusalem: Yad Vashem, 1984), 555-72.

4 Terrence Des Pres, *The Survivor: An Anatomy of Life in the Death Camps* (New York: Oxford University Press, 1976), 142.

而現在，申東赫有一個旅行經驗豐富，而且肩膀寬闊、可以作為靠山的朋友，來協助他逃出勞改營。

第十四章　準備大逃亡

他們的計畫很簡單，也樂觀得離譜。

申東赫熟悉勞改營，而朴永哲熟悉世界。申東赫會將他們帶到圍籬外，而朴永哲則將他們帶到中國。然後，他的叔叔將為他們提供住處、金錢，以及前往南韓所需要的協助。

先提議一起逃走的人是申東赫。但在他提出這個計畫之前，他煩惱了好幾天，擔心朴永哲會告密，擔心他會遭到設計，擔心會和母親及哥哥一樣被處決。即使朴永哲接受這個計畫了，申東赫仍然疑神疑鬼，心想他曾經出賣過自己的母親，為什麼朴永哲不會出賣他？

然而，儘管逃亡計畫不夠完善，但是申東赫的興奮戰勝了恐懼，所以計畫仍然持續進行。做了一晚的烤肉美夢後，他會帶著興奮的心情醒來，而背著縫紉機在工廠樓梯爬上爬下不再讓他疲憊不堪。有生以來第一次，他有了盼望。

由於守衛命令朴永哲跟在申東赫身邊，所以每一個工作日，他們就不停地低聲討論逃亡的預備情況，或者興致勃勃地談論到了中國，他們將如何大啖美食。他們決定如果守衛在圍籬那兒發現他們，朴永哲會以跆拳道制服他們。雖然守衛攜帶自動武器，但是申東赫和朴永哲讓彼此相信，他們有機會逃過一劫。

無論用什麼標準來衡量，這些期望都極其荒謬。從來沒有人逃出十四號勞改營。事實上，除了申東赫，外界只知道有兩人曾經逃離北韓的政治監獄勞改營，然後到西方。其中一人是金永，他曾是一名陸軍中校，在北韓各地結交了不少有權有勢的朋友。但是，他並沒有越過圍籬；他之所以能夠逃亡，完全是因為他所說的一次「奇蹟式機會」。一九九九年，北韓的饑荒進入最高潮，政府停止運作，安全戒備也鬆懈下來。在那一年，當金永看見工人將煤裝上一節破舊的火車車廂，他躲入車廂底部的金屬板下面。當火車駛出十八號勞改營，金永也隨之離開。他熟悉鄉下，並且利用他在邊界的人脈，找到一條越過邊界、到中國的安全路徑。

另一個逃亡者是金惠淑，她同樣是從十八號勞改營逃出來的。她和她的家人於一九七五年被關入勞改營，那時她才十三歲。當局在二〇〇一年釋放她，但是後來又將她送回十八號勞改營。然後，她逃跑了，在二〇〇九年離開北韓，經由中國、寮國和泰國去到南韓。

金永逃離的監獄，不像申東赫和朴永哲計畫逃離的監獄那般戒備森嚴。在他的回憶錄《迢迢回家路》裡，他說他絕無法逃出十四號勞改營，因為「那裡的守衛彷彿處在戰爭前線。」[1]金永說，他在十四號勞改營待了兩年，然後才被調到他最後逃出的那座勞改營。他說十四勞改營的情況「十分棘手，我無法想像有人可以從那裡逃出來。」

申東赫和朴永哲不知道金永的逃亡事件，也無從評估他們有多少機會逃出十四號勞改營，或有多少機會找到通往中國的安全路徑。但是，朴永哲傾向於相信他住在中國時所聽到的首爾廣播。那些報導都著重於北韓政府的失敗和無能。朴永哲告訴申東赫，美國已經開始批評北韓政治勞改營破壞人權。他也提到，他曾聽說在不遠的將來，這些勞改營就會消失。[2]

雖然朴永哲去過北韓和中國的許多地方，但他向申東赫坦誠，他不太熟悉圍籬外那些陡峭、被雪覆蓋、人煙稀少的山區，也不太清楚通往中國的安全路線。

申東赫經常出去撿柴和拾橡果，所以他清楚勞改營的布局，但是，他完全不知道如何越過或穿過勞改營周圍的高壓電圍籬。他不知道碰到圍籬的鐵絲是否會讓他們喪命，但是他非常擔

---

1 Yong, *Long Road Home*, 106.

2 朴永哲太過樂觀。聯合國在二〇〇四年設立了北韓人權彙報人，但是仍然無法影響平壤的政府，也沒有顯著提高國際對於勞改營的關注。北韓堅決不讓聯合國的人權代表進入北韓，並且斥責北韓人權彙報人的年度報告是在圖謀推翻政府。這些報告是有關北韓人權危機最一致、最尖銳的評判性分析。在二〇〇九年，當 Vitit Muntarbhorn 結束六年的彙報人任期，他說：「對於人民的剝削……已經變成上流統治階級的惡劣特權。」他補充說：「由於權力基礎的鎮壓本質，北韓的人權狀況仍然極其惡劣。北韓人與世隔絕、受到控制，變得麻木不仁。」

心這件事。

在逃亡之前的幾個星期和幾天，他也常常想到母親和哥哥的遭遇，但不是因為內疚，而是害怕。他擔心自己會和他們一樣命喪黃泉，他的腦海裡閃過他們被處決的情景，然後他想像自己站在一隊執行槍決的士兵面前，或站在一只木箱上，而且脖子被套上套索。

申東赫的估計缺乏資訊，卻充滿期盼，但是他告訴自己，他穿過圍籬的機率是百分之九十，而中彈的機率是百分之十。

申東赫逃亡前的主要預備工作，是從一位犯人那兒偷保暖的衣服和新鞋。這位犯人和申東赫睡在同一面宿舍地板上，在工廠做剪裁工作。這個工作使他可以收集碎布，而他以那些碎布來換取食物和其他東西。他也非常注重衣服，所以，和勞改營的其他犯人不同，他湊齊了另一套完整的冬衣和鞋子。

申東赫從來沒有偷過其他犯人的衣服。但是，自從他不再告密，他愈來愈無法容忍繼續告發鄰居的犯人。他尤其不喜歡那位剪裁工，因為他檢舉每一位從工廠菜園偷蔬菜的人。申東赫認為偷他的東西是他罪有應得。

由於囚犯不能使用鎖櫃，也沒有其他保管私人物品的方式，所以申東赫只要等剪裁工離開宿舍房間，就可以拿走他的衣服和鞋子。再將那些衣服和鞋子藏起來，直到逃走。衣服不見時，剪裁工沒有懷疑他。偷來的鞋子不合腳（勞改營的鞋子幾乎全部都不合腳），但相當新。

每隔六個月，勞改營才會發一次衣服。到了十一月底，即申東赫和朴永哲計畫逃亡的時候，申東赫冬季長褲的膝蓋和臀部位置已經出現破洞。申東赫決定逃跑時，他會把舊衣服穿在偷來的衣服下面。他沒有外套、帽子或手套禦寒。

計畫逃亡意味著一件事：申東赫和朴永哲必須等待一項分發工作，這會讓他們離開工廠，並且有機會靠近圍籬。

機會出現在新年那天，那是一個難得的假期，屆時工廠的機器會休息兩天。在十二月底，申東赫得知在一月二日，即工廠關閉的第二天，他們那一組的縫紉機修理員和幾位女裁縫會離開工廠，被帶到勞改營東邊邊緣的一處山脊。那一天，他們將在那裡剪樹和堆柴。

申東赫曾經在那座山工作過，而那個地方就靠近沿著山脊豎立的圍籬。申東赫向朴永哲告知這一切，而朴永哲同意，他們將在二〇〇五年一月二日逃走。

工廠在一月一日關閉時，申東赫勉強決定，最後一次去探望父親。

他們的關係一直很冷淡，現在更是如此。在申東赫不必待在農場或工廠工作的那少數幾天，按照勞改營的規定，他可以去探望父親，但他很少利用這些規定。和他父親在一起是一種折磨。

讓申東赫如此惱怒父親的原因不很清楚，至少申東赫自己不很清楚。讓他差點喪命的，是他母親，而不是他父親，因為在他十三歲時，他母親計畫逃亡。她和哥哥串通起來，啟動了一連串事件，導致他被捕、被嚴刑拷打，然後在中學遭受欺淩。他的父親只是另一名受害者。

但是他的父親活著，而且試著和申東赫和好。只是冷漠的父親和怨恨的兒子之間，存在著無法釋懷的積怨，這讓申東赫有足夠的理由憎惡父親。

在他父親的工作地點的一間餐廳裡，他們共用了一頓沉悶的新年晚餐，吃著玉米粉和包心菜湯。申東赫沒有提到他的逃亡計畫，當他去看他父親時，他告訴自己，只要流露任何情緒、任何永別的跡象，逃亡計畫就可能遭殃。他不完全信任他父親。

在妻子和大兒子被處決後，他的父親曾經試著更加關心他。他為自己沒有當個好父親道歉，為他讓申東赫身處於勞改營的殘酷之中道歉。他甚至鼓勵兒子如果有機會，就去「看看這個世界」。也許因為父親同樣不完全信任他，所以只是以這種平淡的方式表示，他支持兒子逃出勞改營。

申東赫被調到成衣工廠後，由於沒有機會找到或偷到額外的食物，所以他父親曾經特別花了一番功夫取得米粉，請人拿去給他，作為送給兒子的禮物。這份禮物讓申東赫感到厭惡，儘管他很餓，還是把那東西送給別人。

現在，當他們一起坐在餐廳裡，兩人都沒有提到那樣禮物。那一晚離開時，申東赫沒有以特別的方式道別。他預料當守衛得知他逃走，他們會來找他父親，並將他帶回地下監獄。他幾乎可以確定，他父親對於即將發生的事一無所知。

第十五章
脫離圍籬

隔天一大早，一位成衣工廠的工頭將申東赫、朴永哲，以及其他大約二十五名囚犯帶到山上。他們在一座一千兩百英尺高的山坡上開始工作。天空晴朗無雲，陽光明亮地照耀在厚厚的積雪上，但是天氣很冷，而且刮著風。一些樹木被鋸斷了，而幾位犯人拿著小斧頭砍掉這些樹木的樹枝，其他犯人則將木柴堆起來。

能夠上山砍柴真是幸運。圍籬沿著山脊豎立，而這件差事將申東赫和朴永哲帶到離圍籬不遠的地方。在圍籬的另一邊，地勢突然往下傾斜，但不致太陡峭而無法爬越，圍籬另一邊的不遠處有樹木提供掩護。

在犯人砍柴處以北大約四分之一英里的地方，一座守衛瞭望塔矗立在圍籬線上。兩名守衛並肩走動，在圍籬內側邊緣巡邏。申東赫注意到，守衛隔著一段長長的時間，才巡邏一次。

管理工作隊的工頭也是一名犯人，所以沒有配備武器。在守衛巡邏的空檔，申東赫和朴永哲身邊沒有人會對他們開槍。先前他們已經決定，他們將等到天色變黑才行動，因為那時候，守衛比較難以在雪地追蹤他們的腳印。

申東赫邊工作和等待，邊想著其他犯人根本不去注意圍籬，也思考圍籬外究竟有多少存活機會。他認為勞改營的犯人就像牛，只能被動地反芻，屈服於那種沒有出處的生命。遇見朴永哲之前，他就像他們。

大約在四點，天色漸漸暗了，申東赫和朴永哲偷偷走向圍籬，邊砍樹枝邊移動。似乎沒有人注意他們。

不久，申東赫就發現自己面對大約十英尺高的圍籬了。在他正前方有狹長的及膝積雪，接著是一條巡邏守衛在雪中踩出來的小徑，再過去則是整齊的帶狀沙土，如果有人踩在沙上，沙土就會出現腳印。而沙土過去就是圍籬，那是由七、八股高壓電帶刺鐵絲所組成的，間隔大約是一英尺，掛在高高的柱子之間。

權赫是一名叛逃者，曾在二十二號勞改營當管理人。他說在北韓，圍繞幾座勞改營的圍籬包含了深溝，而深溝裡有尖釘，如果有人掉落其中，就會被刺穿。然而，申東赫沒有看到深溝，也沒有看到尖釘。

他和朴永哲告訴彼此，如果能穿過圍籬而不碰到鐵絲，他們就會沒事，但他們不確定如何做到這一點。逃亡時間一步步逼近，申東赫並不覺得害怕，這讓他十分驚訝。

但是，朴永哲無法專注。

接近傍晚，當守衛在巡邏過程中經過圍籬，申東赫聽出朴永哲的聲音流露出恐懼。

「我不知道我能不能辦到，我們不能改天再試嗎？」他壓低聲音說。

「你在說些什麼？」申東赫說：「如果我們現在不走，再也沒有機會了。」

申東赫擔心他們得再等幾個月，甚至幾年，才能在天色變黑時，來到工廠外的圍籬附近，而且是從守衛瞭望塔所看不到的。

他無法也不願再忍受更長的等待了。

「我們跑吧！」他大叫。

他抓住朴永哲的手，將他拉向圍籬。有一、兩秒難熬的時間，申東赫拖著這個激發他逃亡的人。然而不久後，朴永哲就開始跑了。

按照他們的計畫，申東赫必須跑在前面，直到接近圍籬。但是，他滑了一跤，跪倒在結冰的巡邏路徑上。

朴永哲先抵達圍籬。他跪下來，將手臂、頭和肩膀從底端的兩股鐵絲之間推過去。

幾秒鐘後，申東赫看見火花，然後聞到肉被燒焦的味道。

大多數為了安全目的而建造的電圍籬，都靠著帶來一陣疼痛、但極其短暫的電流來阻撓入侵者。設計這種電圍籬的目的，不是為了殺害入侵者，而是為了嚇阻。然而，致命的電圍籬使用持續性電流，而這種電流能夠將人卡在鐵絲上，因為高壓電會造成不由自主的肌肉收縮、麻痺和死亡。

在申東赫能夠站起來之前，朴永哲已經不動了，也許已經死了。但是，他的身體重量將底端的鐵絲壓下去，讓它固定在雪地上，使圍籬出現了一個小小的缺口。

申東赫毫不猶豫地從朋友的屍體上爬過去，把它當成一種絕緣護墊。當他蠕動身體穿過圍籬，他可以感覺到電流，他的腳底彷彿被針刺著。

當申東赫幾乎就要穿過圍籬，他的小腿從朴永哲的軀幹上滑落，以至於透過穿在身上的兩條褲子，直接接觸最底下的鐵絲。鐵絲上的電壓，使他從腳踝到膝蓋的部位嚴重灼傷。

幾個小時後，申東赫才注意到，他的傷勢有多麼嚴重。

在爬過圍籬的過程中，他記憶最深刻的，就是朴永哲的屍體發出燒焦的味道。

就導電而言，人類的身體是不可預測的。因為不明的理由，撐過或熬過高壓電電擊的能力因人而異。這和體格或健康無關，身強體壯的人，不會比瘦骨如柴的人更能抵抗高壓電。

相對而言，如果處於乾燥狀態，人類皮膚可能就是一個不錯的絕緣體。寒冷封閉了皮膚的毛細管，降低導電性，而一層層的衣服也有幫助。然而，出汗的手和濕衣服會輕易破壞皮膚對電流的天然抵抗力。一旦高壓電穿透了穿著濕鞋穩穩踩在雪地上的身體，血液、肌肉和骨頭中的液體及鹽分就變成絕佳的導電體。曾經有濕答答的人因為握手而一起觸電身亡。

申東赫能夠順利爬過為殺人而設計的電圍籬似乎純屬幸運。他真的很幸運，而朴永哲則很倒楣。如果申東赫沒有在雪地上滑倒，他會先抵達圍籬，也許就此一命嗚呼。

申東赫不明白，但若要安全穿過圍籬，他需要一個能夠將電流從圍籬轉移到地面的東西，而朴永哲的屍體躺在最底端的一股鐵絲上，躺在潮濕的地面上，因而轉移了電流。

朴永哲讓電流分流，轉移到地面，因此，當申東赫爬過他的背部時，他暴露在不至於致命的電壓中。他多穿的幾層衣服也許也幫上了忙。

當他脫離圍籬，他不知道該往何處。在山頂上，他只知道他必須往下走。起初，他迂迴地穿過一塊林地，但是不到幾分鐘，他就來到一處空曠的地方，遇到高山田地和牧場，而一輪半月斷斷續續地從雲間露面，照亮了那些地方。

他大約跑了兩個小時，一直往下跑，直到進入一座山谷。那裡有穀倉和零散的房屋，而他沒有聽到警報、槍聲或喊叫聲。按照他的判斷，沒有人追他。

逃亡激發的腎上腺素開始消退時，申東赫注意到褲子的腿部濕濕粘粘的。他捲起褲管，看到腿部滲出血，所以他開始明白灼傷的嚴重性。他的腳也流著血，因為他踩到了釘子，顯然那是在他接近勞改營圍籬時發生的事。天氣很冷，溫度在華氏十度以下，而他沒有穿外套。

朴永哲在圍籬喪命了，但他沒有告訴申東赫，他要如何去中國。

第十六章
找到食物與走私

當申東赫在傍晚天黑時跑下山，當他穿過布滿玉米殘株的玉米田，他看到山坡上有一間半隱半現的農舍。農舍的門上了鎖，而附近沒有其他房子，所以他以一把在地上找到的斧頭砍斷門鎖。

才進入屋子，他就發現三條乾燥的玉米穗，而他狼吞虎嚥吃下去。玉米讓他察覺自己有多饑餓，所以他靠著月光搜索農舍，想要找到食物。食物沒有找到，倒是找到一雙舊棉鞋，和一套破舊的軍服。

北韓是世界上軍事化程度最高的國家，所以軍服處處可見。徵兵幾乎是一種普遍的措施，男人必須服十年兵役，女人必須服七年兵役。現役軍人有一百多萬名，所以大約有百分之五的全國人口都穿著軍服（在美國，穿軍服者大約只占全國人口的百分之零點五）。此外，在成年時期的多半時間，還有五百萬人必須加入後備軍人的行列。政府不再說北韓是一個共產國家，而改說軍隊就是「人民、國家和黨」。根據憲法，政府的決策方針是「軍事第一」。穿制服的軍人挖蛤蜊、發射飛彈、摘蘋果、建造灌溉運河、銷售香菇，並監督任天堂仿製品的出口。

所以，軍服總是會出現在穀倉和棚屋的。

申東赫找到的軍褲和襯衫太大了，而棉鞋也是如此。但是，逃離勞改營不到三小時，在他被任何人看到之前，能夠找到替換的衣物是十分幸運的。

他脫掉潮濕的鞋子和兩條從監獄穿出來的褲子。因為沾滿血和雪，褲子從膝蓋部位以下變得硬邦邦的。他在棚屋裡發現了一本書，他從書上撕下幾頁，試著包紮腿上的灼傷，那些紙黏在他血肉模糊的小腿上。他穿上破舊、太大的軍服，也穿上那雙棉鞋。

現在，別人無法一眼就看出他是越獄的囚犯，因為從外表看來，他只是另一個穿著破衣和破鞋，營養不良的北韓人。在北韓，三分之一的人口長期營養不良，地方市場和火車站擠滿了髒兮兮的流動商人，而且幾乎每一個人都當過兵，所以申東赫輕而易舉地融入其中。

他在棚屋外發現了一條道路，而他沿著這條路走到谷底的一個村子。在那兒，他看到了大同江，這讓他感到很驚訝。

儘管跑了那麼久，他只是從十四號勞改營往上游跑了兩英里。

他逃亡的消息尚未傳到這個村子，這裡的街道昏暗而空蕩。申東赫渡過一座橫跨大同江的橋，往東走在一條與河流平行的路上。當一輛車子經過時，他避開頭燈。然後，他往上爬到一條看似廢棄的鐵路，然後繼續走下去。

到了晚上，他已經走了大約六英里，進入北倉外圍。北倉是一個煤鎮，就在大同江的南邊，大約有一萬人口。幾位行人在外面行走，但是申東赫不覺得別人有理由特別注意他。這個鎮有鋁工廠、煤礦，以及大型發電廠，居民或許已經習慣於隨時看到夜班工人走在街上了。

申東赫看到了一間豬舍，那是一個熟悉的景象，一個讓他覺得欣慰的景象。他爬過一道籬笆，找到一些稻草，他躺在稻草裡開始睡覺。

接下來兩天，申東赫在北倉外圍到處搜尋，能在地上或垃圾堆找到什麼，就吃什麼。他不知道該做什麼，也不知道該去哪裡。街上的人似乎沒有留意他，他的腿很痛，而且又餓又冷。然而，他感到非常興奮，覺得自己就像掉落在地球的外星人。

在以後的日子，申東赫會見到一切現代的東西，例如串流視訊、部落格和國際航空旅遊。治療專家和職業顧問會輔導他，牧師會教他如何向耶穌基督禱告，朋友會教他如何刷牙，如何使用提款卡，如何玩智慧型手機。迷上了線上閱讀後，他會熟悉南韓、北韓、中國、東南亞、歐洲和美國的政治、歷史和地理。

然而，他待在勞改營以外的最初幾天，比這一切更能改變他對世界如何運作、以及人類如何互動的理解。

當他看到北韓人在日常生活中不必聽從守衛的命令，他大吃一驚。當他們隨隨便便在街上一起說笑，或者穿著鮮豔的衣服，或在露天市場討價還價時，他以為會有武裝人員走過來，打他們的頭，制止他們胡鬧。

中東赫一再以「震驚」二字，來描述他待在勞改營外的最初幾天。

雖然嚴冬之中的北韓是醜陋的、骯髒的、幽暗的；雖然北韓比蘇丹更窮；雖然整體而言，人權團體將北韓視為世界上最大的監獄，然而對申東赫而言，這一切都沒有意義。過去二十三年，他一直住在一座露天的牢籠裡，而管理這座牢籠的人，將他的母親絞死，將他的哥哥槍決，讓他的父親變成殘廢，殺死懷孕的婦人，把孩童活活打死，教導他出賣家人，並且在火堆之上對他施加嚴刑拷打。

他覺得出奇地自由，而且就他判斷，沒有人在找他。

但他也因為饑餓而變得虛弱無力，所以當他在街上走來走去，他開始尋找可以用來吃東西和休息的空屋。在一條小路盡頭，他找到了一間這樣的房子。他撕裂一扇乙烯基做成的後窗，爬進屋子。

在廚房裡，他找到了三碗飯，而他猜想煮飯的人很快就會回來。他擔心在屋裡吃飯或睡覺會有危險，所以他將飯倒入一只塑膠袋，並以湯匙將他在架子上找到的黃豆醬舀一些到袋子裡。

他搜索房屋其他地方，找到了一條掛在衣架上的厚長褲，以及一雙鞋子。他也找到了一個帆布背包，和一件深棕色的軍人大衣，這件大衣比他穿過的任何一件外套都要溫暖。他打開最後一個廚房抽屜，看到了一袋十磅重的米。他將那袋米塞入背包，然後離開。

靠近北倉的中心，一名市場女販對他大叫，想知道他的背包裡有什麼，以及他是否有東西可賣。申東赫嘗試保持冷靜，只說他有一些米。她說她要以北韓幣四千元（按照黑市匯率大約是四美元）買那些米。

申東赫從朴永哲那兒第一次得知錢的存在。在那位市場女販對他大叫之前，他曾經目瞪口呆地看著人們使用小小的紙張，來買食物和其他東西（他猜那些紙張就是錢）。

他不知道以四千元賣出偷來的米是否划算，但他高高興興地賣了，然後買了一些餅乾。他把剩餘的錢放入口袋裡，然後步行離開這個鎮。他的目的地是中國，但他不知道中國在哪裡。

在路上，申東赫遇到了幾個面容憔悴的人，並且偷聽他們的談話。他們在找工作，找食物；他們往來於街頭市場，並且試著避開警察。有一、兩個人問申東赫從哪裡來，而申東赫說，他在北倉地區長大。這倒是事實，而且似乎滿足了他們的好奇心。

不久，申東赫就猜出，這些人多半不相識，但他不敢問太多問題。他不希望因為和他們交談，而必須談論自己。

根據二〇〇四年年末和二〇〇五年在中國針對一千三百多名北韓難民所作的調查，當時在北韓四處流浪的人，大多是失業的勞工，或者失敗的農民，[1]但也包括學生、軍人、技師，以

---

1 Yoonok Chang, Stephan Haggard, Marcus Noland, "Migration Experiences of North Korean Refugees: Survey Evidence from China" (Washington, D. C.: Peterson Institute, 2008), 1.

及一些曾是政府官員的北韓人。

這份調查認為，他們之所以四處流浪，主要是基於經濟上的理由——他們希望在中國找到工作或做生意。他們的生活一直很苦，和政府的關係也十分緊張。這些難民當中，大約有四分之一的男人和百分之三十七的女人說，他們的家人活活地餓死了。此外，有四分之一以上的人曾在北韓遭到逮捕。有十分之一的人說，他們曾經入獄，在監獄裡，被迫挨餓、酷刑和處決是家常便飯。半數以上的難民說，為了逃出北韓，他們花錢賄賂官員，或是花錢向職業走私者求助。

申東赫偶然遇到了這些流浪者，而他猜想，和他們同行會比獨自旅行更安全。他試者模仿在路上遇見的人的言行舉止，而這不是一件難事。他們和他一樣衣衫襤褸、髒兮兮、散發臭氣，而且迫切地想要找到食物。

北韓是一個警察國家，不容許往來各城鎮的流浪漢。法律嚴格禁止公民沒有取得當局許可，就擅自去到其他城市。但是在饑荒後，人民根本不理會這些法令，因為國營經濟瓦解，自由市場興起，而在全國各地，幾乎處處可見商人兜售從中國走私來的商品。警察接受賄賂，事實上，許多警察靠著賄賂過日子。身上有點錢的流浪漢，可以在無人注意的情況下，悄悄到中國。

沒有可靠資料證實，究竟有多少北韓人逃到中國，或者在北韓境內流浪。避免遭到逮捕並成功越過邊界到中國的機會，似乎因季節而異。決定因素在於：北韓政府最近如何下令治安部隊進行鎮壓、中國對於遣返叛逃者保持哪種程度的警戒、邊界守衛接受賄賂的意願有多高，以及北韓人多麼迫切想要越過邊界。北韓政府已經建造了新的勞改營，來監禁那些因為太窮或太倒楣，而無法靠著賄賂去中國的商人和旅行者。

然而，一個趨勢是很明顯的。自一九九五年起，在南韓尋求庇護的北韓人逐年增加。在一九九五年，只有四十一人抵達南韓，到了二〇〇九年則暴增到將近三千人。在二〇〇五年和二〇一一年之間來到南韓的叛逃者，多於一九五三年韓戰結束後逃離北韓的人。

當中東赫在二〇〇五年一月開始走向邊界，逃亡的狀況似乎比較好。以下的數字可以證明這一點：在二〇〇六年和二〇〇七年，有大批北韓人（大約四千五百人）抵達南韓。叛逃者通常必須花一、兩年，才能找到從中國去南韓的途徑。

當邊界守衛和地方官員可以接受賄賂，但不會招致來自高層的嚴厲懲罰，從北韓越過邊界到中國就變得更加容易。

千基元是首爾的一位牧師，他告訴我，從二〇〇〇年到二〇〇八年，他曾幫助六百多名北韓人越過邊界到中國，然後來到南韓。他說：「錢從來沒有如此管用過。」

當中東赫爬過電圍籬，已經有一個基礎穩固的人口走私網在運作著，而這個走私網已經將觸角伸到北韓內部。千基元和其他幾個在南韓的工作人員告訴我，只要給他們足夠的錢，他們幾乎可以把任何一個北韓人弄出北韓。

首爾的仲介利用口碑提供「逃亡計畫」。低預算的逃亡費用不到兩千美元，逃亡者必須花幾個月或幾年的時間，從中國經由泰國或越南去首爾。也許他們必須渡過湍急險惡的河流，必須步行跋涉，或是在泰國衛生狀況極差的難民營等待數週。

最高級的逃亡計畫，是提供偽造的中國護照，以及一張從北京飛到首爾的機票，代價是一萬美元以上。仲介和叛逃者說，從開始到結束，這種逃亡計畫可能只須耗時三個星期。

來自南韓教會的行動主義牧師，在一九九〇年代後期和二〇〇〇年代初期，發明了這種逃亡生意。他們雇用邊界工作人員拿著首爾教徒所奉獻的錢，去賄賂北韓守衛。到了申東赫上路時，叛逃者（許多人曾在北韓當過軍官和警察）自己接管這項生意，不動聲色地經營以營利為目的的人口走私業。

當富裕或中等收入的南韓家庭想要救出某位親人，他們往往就會以現金支付頭款給這種新的仲介。有時候，這些仲介以分期付款的方式進行計畫，沒有先向叛逃者或他們的家屬收錢，或者只收一小部分錢。當這些叛逃者抵達首爾，並且可以領到南韓政府發給他們的四萬多美元的一部分時，仲介通常就會索取一筆遠高於基本費用的服務費。

一位住在南韓的仲介說：「我的老闆願意花錢行賄，把人弄出來。但是當你抵達首爾，你就得支付兩倍的服務費。」這位仲介曾是一名北韓軍官，現在為北京的人口走私集團工作。

到了二〇〇八年，許多北韓的叛逃者欠走私者太多錢，以致南韓政府改變發放現金給逃亡者的方式。錢不是一次付清，改成分期支付，而且南韓政府提供獎勵給找到工作或有工作的人。大約有四分之一的錢直接用於住宿，減少了把錢付給仲介的可能。

仲介使用他們在北韓的人脈以及保持往來的機構來雇用嚮導，而這些嚮導會將叛逃者從他們在北韓的家中護送到中國邊界，然後將他們交給會說中文的嚮導，後者則開車載他們到北京機場。

我在首爾外和一位北韓的叛逃者交談，她曾在二〇〇二年付一萬兩千美元給一位仲介，讓他幫助她十一歲的兒子逃出北韓。

這位母親說：「我不知道事情會發生得這麼快。」她不想透露自己的名字，因為當時，她正和兄弟姐妹付錢給另一位仲介，要把他們的母親從北韓帶出來。她說：「他們只花五天，就把我兒子帶出來，讓他渡過河流，進入中國。當首爾機場的官員打電話告訴我，我的兒子在這兒，我簡直目瞪口呆。」

北韓政府嘗試在邊界和境內鎮壓這種人口走私業，而且不時有斬獲。

李政延曾是北韓邊界的守衛，他告訴我：「許多人被抓。北韓的政策是，凡是協助別人叛逃而被逮者，將一律遭到處決。我個人看過數次這類的處決。成功的仲介有豐富的經驗，已經在軍中建立良好的人脈，而且他們會向守衛行賄。」他說：「守衛經常輪換，所以仲介必須賄賂新人。」

南韓情報官員已經證實了李政延的身分，他曾在中國和北韓的邊界工作了三年，監督那些假裝是仲介和嚮導，以便滲透和瓦解人口走私的祕密特務。叛逃到南韓後，李政延告訴我，他曾利用他在北韓的人脈，把三十四個人帶到自由之地。

中東赫不知道他可以利用人口走私組織，也沒有錢和人脈來利用這些組織。當然，在北韓以外，也沒有任何人會為他雇用這類專業人員。

然而，靠著守口如瓶和睜大眼睛，他進入了由北韓後饑荒經濟的人口走私、貿易和卑劣賄賂所構成的滙流之中。

商人告訴他可以在哪裡的乾草堆睡覺，可以在什麼社區闖空門，可以在什麼市場拿偷來的東西換食物。晚上，當他們圍聚在路邊的火堆旁，申東赫常常和他們分享食物。

那一天，當申東赫穿著剛剛偷來的大衣、帶著私藏的一點餅乾離開北倉時，他加入了一小群碰巧要北行的商人。

第十七章
流浪與等待

申東赫擔心如果他無法迅速離開，不久就會遭到逮捕。

他走了九英里，來到一個叫孟山的小山城，那些商人告訴他，一輛卡車會出現在那地方的中央市場附近。只要付一點車費，卡車就會載著乘客，去北韓第二大城咸興的火車站。

申東赫沒有足夠的地理知識，不知道咸興在那裡，但是他不在乎。他的雙腳疼痛不堪，而他迫切想要找到步行之外的其他交通工具。爬出電圍籬後，已經過了三天，而他離十四號勞改營仍然只有十五英里左右。

和商人排隊等待卡車，他設法擠進卡車的末端位置。路況很糟，這趟前往咸興的六十英里旅程耗去了一整天，抵達目的地時已是夜晚。在卡車上，兩個人問申東赫從哪裡來，要前往何處。申東赫不確定他們的身分，也不知道他們為什麼問這些問題，所以假裝聽不懂，什麼也沒說。那兩人失去了興趣，不再注意他。

申東赫旅行的時機很好，雖然他自己並不知道。

以往在北韓，如果沒有取得旅行許可，往來於各城市間是不可能的。這種旅行許可可能蓋在「公民證」上面，或附在證件裡。公民證和護照一樣大，是一種仿效舊蘇聯身分證的證件。

北韓政府從來沒有發過公民證給申東赫這類在勞改營出生的犯人，沒有公民證的北韓人，很難取得旅行許可。政府通常會因為工作理由，或是因為可以由官員證實的家庭大事（例如婚禮或喪禮）而發給旅行許可。但是到了一九九七年，除了前往平壤和其他管制區，警察大致已經停止系統性地檢查這類證件。[1]當饑荒驅使人民上路尋找食物，他們就不再嚴格執行這些規定。而從那時候起，商人賄賂警察和其他治安官員，使他們不再執法。說得白一些，也許就是因為北韓幹部嗜錢如命，申東赫才能夠一路前往中國。

申東赫所搭乘的卡車十之八九是軍車，被非法改造成營利的載客交通工具。這種車子被稱為「服務車」，是一九九〇年代後期，由政府或軍隊高層所發明的，其目的是向那些需要旅行並將商品運往全國各地的商人榨取錢。這是一種突然風行的運輸系統的一部分，在北韓有線民的南韓「每日北韓」網站，稱之為為北韓的「核心運輸工具」。他們認為，這個系統可能對於自由市場的成長發揮了「最具決定性的影響力」。[2]

1 Lankov, *North of the DMZ*, 180-83.

在北韓，個人不能擁有車輛，只有政府、黨和軍隊才能擁有車輛。在這些組織內，腦袋靈光的投機者盜用卡車，並和走私者勾結，從中國輸入大批的二手轎車、箱型車和公車。將這些交通工具登記在國家單位的名下後，他們便雇用私人司機，然後以極低的收費載著中東赫這類流浪者到北韓各地，而且不過問他們任何問題。

造反的資本主義驚嚇了北韓政府，使得它公開表示擔心國家正慢慢走向政權的改變和災難。但是，當北韓偶爾嘗試懲罰收賄者、限制市場活動、制止服務車上路，並沒收錢，通常都會遇到反抗。許多反抗就來自薪水微薄的國家公務員，他們的生計有賴於利用警察職權和行政權，向資本主義暴發戶榨取錢。

為了強迫商人付錢，北韓維安部隊將申東赫住過的那種勞改營做了一些調整。他們不再將政治犯終生監禁，而是將那些沒有向治安官員行賄的商人監禁一段時間，偶爾也對他們施加酷刑。官員定期去市場，依照視買賣為犯罪行為的模糊法令逮捕商人。商人唯有拿出強勢貨幣行賄，才能避免到恐怖的勞改營走一遭。

在申東赫逃離之前，北韓政府就開始建造這類勞改營，而最先揭露這種勞改營存在的，是一份報告：「北韓的經濟犯罪和懲罰」。這份報告是二〇〇四年和二〇〇八年在中國和南韓針

---

2 二〇一〇年十月二十五日的「每日北韓」（Daily NK）詳細描述了「服務車」（servi-cha）的系統，以及政府如何再次嘗試終止這個系統。http://www.dailynk.com/English/read.php?catald=nk01500&num=6941.

對一千六百多名難民進行訪談的結果。

馬可士．諾蘭是華盛頓的一名經濟學家，也是這份報告的共同作者。他告訴我，維安官員使用這些勞改營作為「向人民勒索的手段」。他說：「這真的很像幫派手法，像一個黑道國家。」

根據這份針對難民所作的調查報告，被關在這些勞改營的犯人當中，大約有三分之二可以回家。勞改營通常很小，只有幾名守衛，也沒有太多圍籬。但是許多北韓人說，在他們短暫的被囚期間，他們經常會目睹犯人被處決，或者因為嚴刑拷打和饑餓而喪命。這種針對經濟犯罪而施加的循環監禁產生一個效果：將恐懼擴展到靠著做生意維生的商人當中。

日本《臨津江》雜誌的編輯彙編了匿名記者偷偷從北韓帶出來的目擊者報告、照片和錄影帶。該雜誌的編輯石丸次郎告訴我：「北韓政府命令警察管制市場買賣，但是，警察不一定會執行這項命令，因為太多警察和官員正在撈錢。」他說：「外面的人不了解，但是現在，北韓正在經歷劇變。」

申東赫在夜晚時抵達咸興的火車站附近。咸興是一個沿海城市，大約有七十五萬人，在工廠因為缺乏電和生產材料而關閉之前，他們多半在工廠工作。

在一九九〇年代的饑荒期間，咸興的國家分配制度完全崩解，工人沒有其他食物來源。根據難民的說法，這個城市的饑荒和饑餓災情，比北韓其他人口集中地更嚴重。[3] 一九九七年，來訪的西方記者注意到，城市周圍的山丘覆蓋著新墳墓。一位倖存者說，城市的人口死了百分之十，而另一位倖存者則估計，百分之十的人口逃離城市，到別處尋找食物。

二〇〇五年，當申東赫抵達咸興，當地的工廠多半仍然關閉著，但是大多數的北韓縱貫線火車，仍然繼續駛過它的調車場。

在夜色的掩護下，申東赫和其他坐卡車來的商人到了調車場的一個進行貨車裝配和調遣的地方。他看到火車站周圍有幾名守衛，但他們並沒有檢查身分證，也沒有制止商人靠近貨車。申東赫跟著其他人爬入一列前往清津的貨車。清津是北韓最北邊的最大城，也是通往中國邊界鐵路的門戶。列車在黎明前出發，展開一趟大約一百七十四英里的旅程。如果一切順利，這趟車程將耗時一、兩天。

不久，申東赫就明白了一件多年來其他北韓人都明白的事：火車即使走動了，也走得慢吞吞。

接下來的三天，火車走不到一百英里。在車廂裡，申東赫和一個大約二十歲的年輕人變成朋友。這人說，他要去吉州，那是一個擁有六萬五千人的城市，位於通往清津的主要幹線上。他說他到外地找工作找不到，現在正要回家。他沒有食物，沒有錢，也沒有冬天穿的大衣，但

---

3 Andrew S. Natsios, *The Great North Korean Famine* (Washington, D. C.: United States Institute for Peace Press, 2001), 218.

他說，他願意讓申東赫在他家人所住的公寓裡住幾天。他說那裡很溫暖，也有食物。

申東赫需要休息，他又累又餓，在北倉買的食物已經吃光了，而腿上的灼傷仍然流著血，所以，他滿心感激地接受那位年輕人的提議。

傍晚時，他們在吉州火車站下車，那時天氣很冷，也開始下雪。申東赫的新朋友知道哪裡有便宜的東西可吃，所以在他的提議下，他們在前往他家的途中，向一位街頭小販買了熱騰騰的麵。申東赫賣掉偷來的米所得的錢還剩一些，而他就拿那些錢付買麵錢。

當他們吃完麵，那位年輕人說，他家人所住的公寓就在附近，但是，如果他穿著破破爛爛的衣服去見父母，他會覺得很難為情。他問申東赫，可否把外套借給他幾分鐘。這位年輕人說，一旦他去探望家人，他就會回到麵攤，帶申東赫去他的公寓。他們可以在那兒暖暖身子然後睡覺。

自從逃出勞改營，申東赫就一直努力學習北韓人正常的言行舉止。但是，才短短一個星期，他沒有學到很多。他認為借外套給朋友，讓他在父母面前不丟臉是正常的事，所以，他將外套交給他，並同意等他回來。

幾個小時過去了，雪繼續下著，但是，他的朋友沒有回來。申東赫沒有想過應該要跟蹤他，看他進入那一棟公寓大樓。所以，他開始搜索附近的街道，但他看不到那位年輕人的蹤影。經過幾個鐘頭的困惑和打哆嗦後，他在街上找到一塊髒兮兮的塑膠防水布，於是就用這塊布把自己裹起來，然後等待天亮。

接下來的二十天，申東赫在吉州流浪。他沒有外套，沒有錢，沒有人脈，也不知道應該前往何處，光是讓自己活下去就是一大難事。這個城市的一月平均氣溫是華氏十八度，在冰點以下。

城市那一群遊民（許多是青少年），以及他們提出的偷竊計畫救了他一命。他在火車站周圍遇見這些人，他們在那兒乞討、閒聊，偶爾也會成群結隊出去尋找食物。

申東赫加入的小組擅長挖白蘿蔔，那是一種形狀像胡蘿蔔的大型白色東亞蘿蔔，經常被用來做泡菜：一種發酵的辛辣佐料，是韓國最著名的食物。為了讓秋天採收的白蘿蔔在寒冷的月份不致結凍，有時北韓人會將它們一堆堆埋起來。

在白天，申東赫跟著幾群少年竊賊去到城市外圍，要看看哪些獨立住家的菜園有洩露祕密的土堆。挖了一天的生蘿蔔，也吃了一天的生蘿蔔後，申東赫盡可能帶著許多蘿蔔回到市中心，將它們賣掉然後買點心。不能偷蘿蔔時，他就搜尋垃圾。

夜晚時，申東赫再度跟那些遊民去半遮式的睡覺處，那是他們在配備中央暖氣的建築物附近找到的。有時，那些遊民會堆乾草堆，並在旁邊生火，而這種乾草堆也成了他的睡覺處。

他沒有交朋友，也仍然留意不談自己的事。

在北韓全境，處處可見金正日和金日成的照片，而在吉州，不論是在火車站、城市廣場，或在他有時闖入行竊的住家，申東赫也處處見到他們的照片。但是，沒有一個人敢批評或嘲笑他們的領袖，甚至那些流浪漢和無家可歸的青少年也不敢這麼做。根據一份在中國針對最近的叛逃者所做的調查報告，這種恐懼是持續的，而且幾乎是普遍的。

對於申東赫而言，最大的困難仍然是找到足夠的食物。然而在北韓，搶劫食物並非罕見。查理斯．羅伯特．詹金斯在他那本二〇〇八年出版的回憶錄中，描述了他在北韓住了四十年的生活。他說：「偷竊一直是個問題。如果你不把東西看緊，總是會有人樂於拿走那些東西。」[4]

詹金斯沒有受過良好的教育，是一名鬱鬱寡歡的美軍中士，一九六五年時在南韓服役。他以為北韓的月亮比較圓，所以他灌下十瓶啤酒後，跌跌撞撞越過世界上軍事化程度最高的邊界，將 M14 步槍交給大吃一驚的北韓士兵。

「我很無知，」他告訴我。他說他背棄美軍，投入「一座精神錯亂的大監獄」，將自己監禁起來。

然而，由於詹金斯是一名美國逃兵，所以他不只是囚犯而已。北韓政府將他變成演員，讓他不斷在那些將美國妖魔化的宣傳電影裡，扮演一名邪惡的白人。

治安官員也送給他一個日本女孩，並鼓勵詹金斯強暴她。一九七八年八月十二日，這個女孩從她在日本的家鄉被綁架。長期以來，北韓一直進行一樁祕而不宣的勾當：在日本沿海社區

4 Charles Robert Jenkins, *The Reluctant Communist* (Berkeley: University of California Press, 2008), 129.

綁架年輕的日本女人。黃昏時，三名北韓特務在海邊附近抓到她，將她塞入一個黑色的屍袋，然後偷偷用船將她載走。

這個女人叫曾我瞳。最後，她和詹金斯相戀並且結婚，生了兩個孩子，而他們都就讀於平壤的一間學校，一間專門訓練會說各種語言的間諜學校。

詹金斯在北韓展開了一次不尋常的冒險之旅，而這趟旅程的結束始於一件事：日本首相小泉純一郎搭機到平壤，和金正日進行一次不尋常的會談。在二〇〇二年的那次會談，金正日向小泉承認，他的特務在一九七〇年代和一九八〇年代綁架了十三名日本平民，包括詹金斯的妻子曾我瞳。曾我瞳立即獲准搭小泉的飛機離開。日本首相在二〇〇四年第二次訪問北韓後，詹金斯和他的女兒也獲准離開。

當我訪問詹金斯時，他和他的家人住在日本偏遠的佐渡島，那是他的妻子的出生地，也是她遭到北韓特務綁架的地方。

住在北韓數十年，詹金斯有一間位於鄉下的房子，而他在一座大菜園種菜，以養活家人。每個月，他也從政府那兒領到現金，那筆錢足以使他們在饑荒期間不致餓死。然而，為了生存，他和他的家人仍然必須抵擋偷竊的鄰居以及流浪的士兵。

他寫道：「玉米成熟時，我們常常必須整夜看守菜園，因為軍隊會來把我們偷得乾乾淨淨。」

在一九九〇年代的饑荒期間，偷竊達到高潮，當時，一群群無家可歸的青少年（許多是孤兒）開始聚集在吉州、咸興和清津這類城市的火車站附近。

芭芭拉・德米克寫了一本有關北韓人如何熬過饑荒年歲的書《我們最幸福：北韓人民的真實生活》。在這本書裡，她描述了這些青少年的行為和絕望。

她描述在清津火車站，孩童會從旅客手中搶零食。他們成群結隊出來行竊，年紀較大的孩子會撞翻賣食物的攤子，引誘小販去追逐他們，然後，年紀較小的孩子就去撿拾散落的食物。有時候，孩童也使用尖棒戳破行進緩慢的火車和卡車上的一袋袋穀物。[5]

德米克寫道，饑荒期間，火車站的清潔員工推著木製推車巡視，收拾車站地板上的屍體。此外，到處有吃人的謠言。有些人說，一些在火車站遊蕩的孩子被下藥，然後遭到殺害，並且被宰來當肉吃。

雖然這種事情並非普遍，但是德米克認為確有其事。

「我訪問過叛逃者，他們告訴我，這種情形至少發生過兩次……有人遭到逮捕和處決，然後被吃掉。」

當申東赫在二〇〇五年一月被困在吉州時，糧荒已經緩和許多。

---

5 Barbara Demick, *Nothing to Envy*（譯注：中文版譯成《我們最幸福：北韓人民的真實生活》，麥田出版）（New York: Speigel & Grau, 2009），159-72.

在二〇〇四年，北韓各地的莊稼收穫大有改善，而南韓也提供了糧食援助和免費肥料。來自中國和聯合國糧食計畫署的糧食援助也流入北韓國庫，其中一部分則流入街頭市場。火車站四周的遊民餓著肚子，但是在吉州街道流浪時，申東赫從來沒有見過有人因為露宿街頭或饑餓而奄奄一息，或是死去。

城市的市場欣欣向榮，滿是乾貨、新鮮食物和加工食品，包括了白米、豆腐、餅乾、蛋糕和肉。此外，也有人販售衣服、廚房用具和電子產品。當申東赫帶著偷來的白蘿蔔出現在市場，他發現那裡的婦人都急於花錢買他的東西。

申東赫在吉州搜尋食物時，逃到中國的事全被拋在腦後了。他加入的那些遊民有別的計畫，他們打算在三月步行到一座國營農場種馬鈴薯，那是一份按時供應三餐的工作。由於沒有別的事可做，也沒有其他人脈，申東赫決定跟隨他們。然而，在一個偷竊成果特別豐碩的日子裡，他又改變計畫了。

在城市外圍的鄉下，當申東赫加入的那群遊民正在挖掘一座菜園，他脫了隊，獨自繞到一間空屋後面，從一扇窗戶闖入屋裡。

在屋內，他發現了冬衣、羊毛軍帽，以及一袋十五磅重的米。他換上比較保暖的衣服，將米放在背包裡，然後去找吉州的一個商人，後者以北韓幣六千元（大約六美元）買了那袋米。

有了買食物和行賄的錢，中國之行再度成為可能。申東赫走進吉州火車站的調車場，爬入一列北行貨車的車廂裡。

第十八章
邊界的偷渡客

圖們江又淺又窄，卻形成了北韓和中國大約三分之一的邊界。冬季時它經常結冰，步行渡江只需幾分鐘。位於中國的江岸多半林木密布，提供了不錯的掩護，而中國的邊界守衛也十分稀少。

從坐火車的商人口中，申東赫得知圖們江的情形，但他無法確知該從何處渡江，也不知道該付多少錢賄賂在南岸巡邏的北韓守衛，他們才會放他通行。

因此，他坐在貨車上，從吉州去到清津，再到古茂山，後者是一個樞紐站，離邊界大約二十五英里。然後，他開始向當地人問一些問題。

「嘿，天氣很冷吧？」他對一個老人說，後者蹲在古茂山火車站的階梯上。申東赫拿餅乾給他。

「啊，謝謝，」那人說：「請問你從哪裡來？」

申東赫給他一個誠實但模糊的答覆。他說他剛剛逃離位於平安南道的家（平安南道是十四號勞改營的所在地），因為他很餓，而那裡的生活很苦。

老人說，當他住在中國時，生活容易多了，因為那裡很容易找到食物和工作。那人說，八個月前，中國警察將他逮捕，送他回北韓，將他關在勞改營幾個月。他問申東赫，是否考慮去中國。

「有人越過邊界，去到中國嗎？」他問，並且試著控制好奇心和興奮感。

不需太多慫恿，老人就花了大半天的時間談論中國。他解釋該從何處渡過圖們江，以及到了邊界附近的檢查站該做些什麼。他說大多數守衛都急欲收取賄賂。他也提供其他指示：當守衛要求查驗身分證時，給他們幾根香煙、一包餅乾，以及一點現金。告訴他們你是軍人，你要去中國探望家人。

隔天一大早，申東赫跳上一列前往附近茂山的運煤火車，那裡是位於邊界的一個煤鎮。曾有人警告他，那地方到處有軍人走來走去，所以當火車慢慢駛入茂山車站，他跳下火車，然後朝西南方行進。他走了一整天，大約走了十八英里，尋找又淺又容易渡過的圖們江河段。

申東赫知道，他沒有證明身分的文件，所以盡責的邊界守衛會將他逮捕。在第一個檢查站，一名守衛想要看他的身分證。申東赫試著掩飾恐懼，他告訴守衛，他是一名返鄉的軍人。他在吉州偷來的衣服和羊毛帽是深綠色的，和軍服一樣，這一點幫了他忙。

「拿去，抽這個，」申東赫說，並遞給守衛兩包香煙。

守衛收下香煙，然後打手勢示意他通過檢查站。

在第二個檢查站，另一名守衛要查驗申東赫的身分證，他再度拿出香煙和一包餅乾。繼續前進時，他遇到第三和第四個邊界守衛，他們都很年輕，但是瘦骨如柴，而且很饑餓。申東赫尚未開口，他們就向他要香煙和食物，但沒有向他要身分證。

如果不是運氣太好（尤其是在邊界時），申東赫不可能逃離北韓。當他在二〇〇五年一月底靠著行賄走向中國，一扇門碰巧打開了，讓他可以不必冒太多風險，就能夠通過邊界。

由於一九九〇年代中期釀成災難的饑荒，以及中國食物在餵養北韓人口中所扮演的重要角色，北韓政府被迫接受邊界管制的諸多漏洞。二〇〇〇年，這種寬容變成一種半官方的政策，因為北韓政府答應寬待那些為了尋找食物而逃離北韓的人民。這種政策等於間接承認了一個事實：成千上萬遭受饑荒之苦的北韓人，已經去了中國，而北韓愈來愈倚賴他們匯款回北韓。此外，到了二〇〇〇年，數以千計的商人已經開始來回越過邊界，為市場供應食物和商品，而這種狀況幾乎取代了政府的公共分配制度。

在金正日的命令下，經過幾天的偵訊，或頂多在勞改營被關幾個月，遭到逮捕的偷渡者就能獲得釋放，除非偵訊官員判定他們在中國和南韓人或宣教士有過接觸。[1]北韓政府也開始看出商人在餵養人口中所扮演的角色，他們也認可這種角色。經過六個月的紙上作業和背景調查後（尤其在收到賄賂後），有時政府官員會發證件給商人，讓他們能夠合法進出中國。[2]

戒備鬆懈的邊界帶來了生活上的改變。經常前往北韓鄉下的人注意到，似乎更多人有保暖的冬日大衣可穿，自由市場正在販售二手中國電視和錄影機，以及盜版錄音帶和影音光碟（影音光碟的解析度大大低於DVD，但是CD播放機比DVD播放機便宜，北韓人也比較買得起）。

抵達首爾的北韓叛逃者說，中國製的半導體收音機使他們可以收聽中國和南韓的廣播，也可以收聽自由亞洲電臺的節目和「美國之音」。許多人談到他們如何迷上好萊塢電影，以及南韓連續劇。

在首爾，一位來自北韓的四十一歲家庭主婦告訴我：「每當我們看〇〇七的錄影帶，我們就拉起窗簾，把音量調低。」她和丈夫及兒子坐一艘小船逃離她的漁村。她說：「那些電影讓我開始認識世界，也讓人們明白，金正日政府對他們沒有好處。」

她的兒子告訴我，他因為看過模模糊糊的「霹靂嬌娃」錄影帶而愛上了美國，並且希望有朝一日能夠住在美國。

當外國錄影帶從寥寥無幾變成氾濫，北韓警方開始擔憂，並且想出新方法來逮捕看這類錄

1 Human Rights Watch, "Harsher Policies Against Border-Crossers" (March 2007).

2 Lankov, North of the DMZ, 183.

影帶的人。他們切斷特定公寓大樓的電，然後突襲每一間公寓，查看播放機裡有什麼錄影帶和光碟。

大約在申東赫和朴永哲擬定逃亡計畫時，北韓政府認為，邊界管制已經變得過於鬆懈，對國內的安全構成了威脅。有件事尤其讓平壤大為不悅：南韓和美國積極讓偷渡到中國的北韓叛逃者，更加容易到更遠的西方定居。二〇〇四年夏天，在一次最大規模的集體叛逃事件中，南韓將四百六十八名北韓人從越南空運到首爾。北韓通訊社將這個事件斥為「有預謀的引誘、綁架，和恐怖行動」。大約在此時，美國國會通過一項法令，同意讓北韓難民定居美國，而北韓認為此舉等於試圖打著支持民主的旗子推翻北韓政府。

因為這些原因，在二〇〇四年年末，邊界規定開始改變。北韓宣布一項新政策，嚴懲非法偷渡者，讓他們最多在監獄服刑五年。二〇〇六年，國際特赦組織針對十六位偷渡者進行訪談，他們說，新的規定生效了，而北韓當局到處警告說，即使第一次偷渡的北韓人，也至少必須入獄一年。為了執行這些規定，北韓開始沿著邊界大舉建立電子和攝影監視系統，並且延長帶刺鐵絲網，建造新的混凝土屏障。[3]中國也同樣加強邊界的安全措施，阻止北韓人在二〇〇八年夏季奧運會的預備期進入中國。

二〇〇五年一月底，當申東赫帶著香煙和零食走向中國，低風險的偷渡管道幾乎開始關

3 作者在首爾對「好朋友」的行政人員所做的訪談。這是一個非營利佛教組織，在北韓境內有線民。

閉。但是他很幸運；當他在圖們江畔的檢查站遇見那四位衣著襤褸的守衛時，高層的命令尚未改變他們對於賄賂的饑渴。

逃出北韓途中，最後一位接受申東赫賄賂的士兵說：「我就要在這裡餓死了，你有沒有吃的東西？」他看起來大約十六歲。

他的哨位靠近一座跨越河流、進入中國的橋。申東赫給他豆皮捲、香煙，和一包糖果。

「有很多人越過邊界進入中國嗎？」申東赫問。

「當然，」守衛回答：「他們在軍隊的允許下進入中國，賺了大錢後再回來。」

在十四號勞改營，申東赫經常和朴永哲討論越過邊界後要做些什麼。他們計畫住在朴永哲的叔父的家裡，而現在，申東赫想到那位叔父。

「我可不可以去探望我叔叔？他住在河流對面的村子裡，」申東赫問，雖然他不知道朴永哲的叔父住在哪裡。「我回來時，會好好招待你。」

「沒問題，去吧！」守衛回答：「但我執勤到今晚七點。所以在七點之前回來，好嗎？」

守衛帶領申東赫穿過一座通往河流的森林，他說從那裡渡河很安全。那是接近傍晚的時候，但是申東赫答應說，他會有充裕的時間帶著食物回來。

「河流結冰了嗎？我會很安全嗎？」申東赫問。

守衛向他保證，河流結冰了，即使踩破冰層，河水也只淹到腳踝。

「你會很安全的，」他說。

河流大約一百碼寬，申東赫慢慢走到冰上。途中，他踩破冰層，冰水浸濕了他的鞋子。他往後跳到結實的冰層上，然後以爬行方式完成前往中國的其餘旅程。

抵達河流對岸時，申東赫站起來，轉身朝著北韓看最後一眼。

他懷疑他父親已經在勞改營遭到殺害了。

那位年輕的北韓守衛一直看著申東赫行進，而他不耐煩地揮揮手腕，叫申東赫趕快消失在樹林裡。

第十九章

中國境內的韓國人

中東赫匆匆忙忙爬上河岸，在樹林躲了一會兒，在那裡，他那濕答答的雙腳開始凍僵。天色變黑了，經過寒冷和漫長的一天，他累壞了。由於他僅有的一點錢，都被他拿來買香煙和零食賄賂邊界守衛，所以最近幾天，他沒有吃什麼東西。

為了讓身子暖和起來，並遠離河流，他爬上一座山丘，沿著一條路穿過被雪覆蓋的田野。他可以看到不遠處，在田野過去那邊，有一群屋子。

兩個人出現在中東赫和那些房屋之間的路上，他們拿著手電筒，而他們所穿的背心後面有橫寫的中文字。後來他得知，他們是中國的邊界巡邏兵。二〇〇二年，數百名北韓人衝進外國大使館尋求庇護，讓中國很尷尬。自從那時候開始，士兵便開始圍捕非法偷渡者，將其中的數萬人強迫遣返北韓。[1]中東赫見到的守衛正抬頭望著天空，他猜想也許他們正在數星星。無論如何，他們似乎對中東赫的存在不感興趣。中東赫趕緊朝著那些房子前進。

和他逃離北韓的計畫一樣，他在中國的生存計畫根本不完善。他不知道該前往何處，或者該和誰接觸，只想離邊界遠一點。他走入中國吉林省一個貧窮、多山、人煙稀少的地區。最近的一個城鎮（不論大小）是和龍，而此城位於他渡河處以北三十英里的地方。他唯一的希望，就是從北韓那些流動商人口中聽來的傳言：住在中國邊界地區的韓裔中國人，也許會願意為他提供住處和食物，或者給他一份工作。

當中東赫走進一間房屋的院子，狗開始瘋狂地吠叫。他算出有七隻狗，按照北韓的標準，這個數目令人咂舌。因為在北韓，寵物已經被拾荒者消滅殆盡。這些拾荒者多半是孤兒，在饑荒期間，他們會偷狗，把狗皮剝下來，然後烤狗肉來吃。[2]

房屋前門打開了，中東赫向屋主乞求食物和睡覺的地方。那是一個韓裔中國人，他叫中東赫走開，並說那天早上，警察曾經警告過他，不要幫助北韓人。中東赫走到附近的一間磚房，向另一個韓裔中國人求助，那人也叫他走開，而且態度十分粗魯。

離開那間房屋的庭院時，中東赫很冷。但他看到一座戶外土窯尚有餘火，於是挖出三塊燜燒的木頭，拿到附近的一處落葉松森林。他刮除地上的雪，找到一些引火物，設法生起一堆篝

1 Chang et al., “Migration Experiences of North Korean Refugees,” 9.
2 Demick, *Nothing to Envy*, 163.

火。接著，他脫掉濕鞋和濕襪，在火旁將它們烘乾。然後，他在不經意間睡著了。

天亮時，火已經熄滅，而申東赫的臉覆蓋著一層霜。天氣冷得徹骨，所以他穿上仍然潮濕的鞋襪。他走了整個早上，沿著偏僻的小路行進，希望這些路會帶他遠離邊界。大約中午時，他看見遠處有一座警察檢查站，所以他離開道路。然後，他發現另一間房子，他敲了那間房子的門。

「請你幫我一點忙，」他請求那個人。

那是一個韓裔中國人，他不讓他進屋子，並說他的妻子有精神病。但是，他給申東赫兩顆蘋果。

為了避開檢查站，也為了離邊界遠一點，申東赫走上一條通往山區的蜿蜒小路，在那一天的大部分時間裡，他一直走在這條山路上（他不確定他在中國的第一天究竟走過哪些地方；從「谷歌地球」的影像中，我們看到邊界附近的地區，有布滿林木的山區，和幾間疏疏落落的房子。）黃昏時，他試了另一間農舍，那是剛剛由煤渣磚蓋成的房子，周圍有豬舍。當他走進院子，五隻狗對著他汪汪叫。

一名中年男子從前門探出一張胖嘟嘟的臉。

「你是從北韓來的嗎？」那人問。

申東赫疲憊地點頭。

那人是一個中國農夫，會說幾句韓文，他請申東赫進入屋裡，並叫一個女孩煮飯。那位農夫說，他曾雇用兩名北韓叛逃者，而他們都很能幹。他告訴申東赫，如果他願意幫忙養豬，他會給他食物、住處，以及一天五元人民幣的工資（相當於美金六毛）。

在中國吃到熱騰騰的第一餐之前，申東赫就有了一份工作和睡覺的地方。他當過囚犯、告密者和小偷，但從來沒有當過雇工，這份工作是一個適時的開始，也幫了他一個大忙。一個月來的恐懼和受凍的逃亡生活終於結束了，一輩子的奴工生活也突然成了過去式。

接下來的那個月，在那位豬農的廚房裡，申東赫終於能夠大吃。一天三餐，他以烤肉填飽肚子，那是他和朴永哲在十四號勞改營朝思暮想的東西。他以肥皂和熱水洗澡，除掉了自從出生起就一直跟著他的蝨子。

農夫買來抗生素治療申東赫腳上的灼傷，也買給他保暖的冬日外套和工作靴。申東赫扔掉了那些偷來的不合身衣服，那些顯示了他北韓人身分的衣服。

他有自己的房間，睡在地板上，身上蓋了好幾條毛毯，而且一晚最多能睡十小時，那是一種無法想像的奢侈。屋裡的那位女孩為申東赫燒飯做菜，並教他基本中文。後來申東赫才明白，她是農夫的情婦。

為了一天六毛美金的工資，他從天亮工作到晚上七、八點。除了照顧豬，他也和農夫一起到周圍的山區獵野豬。農夫射殺野豬後，申東赫將野豬屍體拖出樹林，然後，農夫會將野豬宰殺和販售。

雖然這份工作常常令人精疲力竭，但是，沒有人打他耳光，或拳打腳踢，也沒有人威脅他。恐懼逐漸消失，而充足的食物和睡眠讓他恢復體力。警察來到農場查看時，農夫叫申東赫假裝自己是啞巴。農夫為他的品行端正作擔保，於是警察離開了。

然而，申東赫明白，農夫之所以歡迎他住在那兒，是因為他是一名廉價勞工。

中國邊境所能容納的北韓人數量十分可觀，而在東北亞之外，這一點並沒有受到重視。對於說韓語的移民而言，這個地區並非全然陌生，或者讓他們覺得不受歡迎。

當叛逃者越過邊界，進入中國，他們最先遇見的「外國人」通常是韓裔中國人。這些人說韓語，吃韓國食物，也保有一些韓國的文化價值觀。只要運氣好一點，叛逃者就可以和申東赫一樣找到工作、住處，以及某種程度的安全。

自從一八六〇年代後期，這種情況就一直持續著。當時，北韓發生饑荒，饑餓的農民渡過圖們江和鴨綠江，逃離北韓，進入中國東北。後來，中國朝廷招募朝鮮農民，作為制止俄國擴展的緩衝器，而韓國的朝鮮王朝允許他們合法離開。第二次世界大戰之前，占領朝鮮半島和中國東北的日本人，逼迫數萬名韓國農民越過邊界，削弱中國對於該地區的控制。

現今，大約有兩百萬名韓裔中國人住在中國的東北三省，而他們最大的集中地是吉林，當申東赫爬過冰凍的圖們江，他就是進入這個省。在吉林，中國設立了延邊朝鮮族自治州，這裡的人口有百分之四十是韓裔中國人，而中國政府也提供補助，給這裡的韓語學校和韓語出版品。

說韓文的中國東北居民，一直是改變北韓境內文化的一股未被承認的力量。大阪的《臨津江》雜誌在北韓有線民，根據該雜誌的說法，這些人改變北韓文化的方式包括：利用家裡的衛星天線收看南韓連續劇；錄製品質低劣的影音光碟，並將成千上萬的影音光碟走私到北韓，以一片一毛五美金的低價賣出。

在南韓連續劇中，這些人看到了快車、豪宅，以及南韓人激增的自信。北韓將這些連續劇歸類為「不單純的視覺錄製材料」，並禁止觀看。然而，南韓的連續劇在平壤和其他城市擁有大批觀眾，據說被派去沒收這些錄影帶的警察，他們也看這些錄影帶，而青少年會模仿首爾上流階級明星所說的那種輕輕柔柔的韓文。[3]

數十年來，在北韓的宣傳中，南韓一直是一個貧窮、受到鎮壓、充滿愁苦的地方，而南韓人渴望在金氏王朝的慈父手中和北韓統一。但是，南韓連續劇拆穿了這些宣傳的謊言。

北韓人斷斷續續越過邊界到中國，而在過去半個世紀，中國和北韓政府一直聯手使用維安部隊，來確保越過邊界的北韓人不會暴增。根據南韓政府的說法，在一九六〇年代初期，這兩個國家簽署了一份有關邊界安全的祕密協議。按照一九八六年的第二份協議，中國必須將北韓的叛逃者遣返，雖然遭到遣返後，這些人往往必須面對逮捕和酷刑，並且將被迫做幾個月或幾

3「臨津江：來自北韓內部的消息」，石丸次郎編（大阪：亞洲國際新聞社，2010），11-15.

年的奴工。

北韓將自己的公民監禁在國內，此舉違反了它曾經承諾遵守的國際協定。根據一九六六年的協議：「每一個人都可以自由離開任何國家，包括自己的國家。」[4]

一九五一年，中國簽署了一份國際難民公約，但是，當中國將所有的北韓叛逃者視為「經濟難民」，並將他們遣返，讓他們遭受迫害，中國違反了這份公約所列舉的義務。北京拒絕讓叛逃者尋求庇護，並且制止聯合國難民事務高級專員公署在中國和北韓的邊界工作。

實際上，北韓和中國的戰略利益已經擊敗了國際法。北韓人的集體出走可能大幅減少北韓人口，破壞它那已然不足的糧食生產力，並且削弱、甚至顛覆政府。當中國的經濟起飛，北韓的經濟下跌，而到處都有人說，中國的生活比較好，這種出走的風險也提高了。

基於幾個理由，中國政府不希望看到貧窮的北韓人一發不可收拾地大量湧入。東北三省多半無法從國家經濟繁榮所帶來的財富中分一杯羹，所以當北韓人大量湧入，中國東北三省的貧窮將顯著惡化。更重要的是，這種情形可能促使北韓政權垮臺，導致朝鮮半島被首爾的政府（美國的親密盟友）統一。在這個過程中，中國的一個最貧窮的區域，和統一、富裕、親西方的韓國之間，會失去了一個重要的緩衝地帶，而這種情形將在中國邊界地帶的韓裔中國人當

---

4 聯合國公民權利和政治權利國際公約（United Nations International Covenant on Civil and Political Rights）第十二（2）條，http://www2.orchr.org/English/law/ccpr.htm

中，引發民族主義情緒。

中國東北三省的農夫、工廠工頭和其他老闆都十分清楚，北京不喜歡北韓叛逃者，而警察和邊界駐軍也執行政府的政策。

然而，申東赫發現，當這些人遇到願意守口如瓶、願意以一天六毛美金的工資認真工作的北韓人，他們都樂於忽視國家的法令。另一方面，中國雇主也可以肆無忌憚地欺騙、虐待或隨時甩掉北韓雇工。

不到一個月，申東赫和那位農夫的約定就出現了問題。

當他在農場附近的一條小溪取水，他遇到了兩名北韓叛逃者。他們又餓又冷，住在離養豬場不遠樹林裡的一間廢棄棚屋裡。申東赫求那位中國農夫幫助他們，他幫忙了，但是申東赫慢慢注意到，在過程中，農夫不情不願、滿腹牢騷。

其中一位叛逃者是一個四十幾歲的女人，她以前就曾越過邊界，而且有一個已經分居的中國丈夫和一個孩子。他們住在附近，而她想要以電話和他們聯繫。農夫讓她使用他的電話，不到幾天，她和另外一個叛逃者就離開了。

但是，為三位北韓人提供住處惹惱了農夫，他告訴申東赫，他也必須離開。

農夫知道其他地方有另一份工作，一份在山上照顧牲畜的工作。他說他願意開車載申東赫去那個地方。沿著山路開了兩小時的車後，農夫讓申東赫在一位朋友的畜牧場下車。那地方離和龍不遠，而和龍是一個大約有八萬五千人口的城市。農夫告訴申東赫，如果他認真工作，他會得到不錯的報酬。

農夫驅車離開時，申東赫才明白，畜牧場上沒有一個人會說韓文。

第廿章

尋求庇護之路

接下來的十個月，申東赫留在養豬農帶他去的地方，在山上的牧場看顧牛群。他和兩名粗魯的中國牧牛工，一起睡在畜牧場住宅的地板上。只要他想走，隨時可以走，但是他不知道該去那裡，也不知道自己還能做什麼。

未來的計畫原本是朴永哲的責任，在十四號勞改營，朴永哲向申東赫保證，一旦到了中國，他就會安排前往南韓的事。朴永哲會向他住在中國的叔父求助，而他的叔父將為他們提供金錢、證件和人脈。但是，朴永哲死了，而南韓似乎遙不可及。

然而，留在原地也有一些好處。申東赫被高壓電灼傷的腿部終於癒合，變成了疤痕，而他也從牧牛工和畜牧場管理人那兒學到了一些中文會話。此外，有生以來第一次，他能夠使用一種製造夢想的電器。

一架收音機。

中東赫幾乎每天早上都撥弄收音機的選台指標。有十二個電台每日以韓文向北韓和中國東北廣播，而他在這些電台中挑選節目。這些電台獲得南韓、美國和日本的資助，播報亞洲和世界新聞，也尖銳批評北韓和金氏王朝，並且特別著重於報導北韓長期的糧食短缺、破壞人權、軍事挑釁、核武計畫，以及對中國的依賴。不少廣播時間是用來報導叛逃者在南韓過著多麼舒適的生活（按照北韓的標準），因為他們從首爾的政府領到住屋和其他津貼。

幾個電台是由叛逃者經營的，而且獲得美國和其他機構的金援。這些電台在北韓境內招募記者，而這些記者革新了有關北韓的新聞報導。他們使用手機，並將錄音和錄影存入隨身碟，再將它們偷偷帶出來。外界花了幾個月的時間才得知一件事：在二〇〇二年，北韓的經濟改革已經減少對於自由市場的限制。七年後，當北韓政府展開一次釀成災難的貨幣改革，讓數以萬計的商人變得窮困，並將他們惹火時，「自由北韓電臺」在幾個小時內，就報導了這個消息。

在北韓境內，收聽這些電臺的人，可能在勞改營被關十年。但是，根據一份針對在中國的叛逃者、商人和其他偷渡者所做的調查研究，最近幾年，從中國走私來的三美元一台的收音機大量湧入北韓，所以每天都有百分之五至二十的北韓人收聽這些電台。[1] 許多人告訴調查人

1 參考二〇一〇年十一月一日，李光白（Lee Gwang Baek，譯音）在國際人權會議（International Conference on Human Rights）中的演講：「收音機廣播對北韓的影響」（Impact of Radio Broadcasts in North Korea），參考 http://nknet.org/eng/board/jbbs_view。

員，促使他們離開北韓的重要因素，就是因為這些外國廣播。[2]在中國的畜牧場，當申東赫從收音機裡聽到有人說他聽得懂的語言，他覺得很欣慰。他聽到了一個令人興奮的消息（雖然那是一年前發生的事）：南韓政府將數百名北韓叛逃者從越南空運到首爾。他特別留意下面這類報導：越過邊境的狀況、叛逃者從中國去南韓的途徑，以及他們抵達南韓後所過的生活。

然而，大部分報導都是申東赫難以理解的

那些廣播節目的目標是教育北韓人，他們都是在國家媒體的宣傳中長大的，而那些宣傳尊崇金氏家族的神聖權力和智慧，同時也不斷警告：美國人、南韓人和日本人正在圖謀接管整個朝鮮半島。十四號勞改營讓申東赫無法接觸這些反覆的宣傳，也讓他能夠以孩童的耳朵去收聽西方的反宣傳。他感到好奇、困惑，有時甚至感到乏味，但是，他總是無法理解整個來龍去脈。

當朴永哲在那四個星期向申東赫描述世界的情況時，他也曾嚴厲批評北韓政府。但是，除非朴永哲談到食物，否則申東赫只是假裝聽得津津有味。

許多有關北韓的報導令申東赫感到困惑。他對於金氏家族所知不多，更不了解外界對於這個家族的看法。此外，即使聽到有關叛逃者在中國和南韓的生活趣聞，他也找不到人和他分享。

---

2 Peter M. Beck, "North Korea's Radio Waves of Resistance," *Wall Street Journal* (April 16, 2010)

缺乏共同語言使他無法和人溝通，所以，他在畜牧場比在勞改營更寂寞。

二〇〇五年年底，當山區進入冬季，申東赫決定採取行動。

他曾經從收音機聽到一件事：在中國的韓國教會有時會幫助叛逃者。因此，他想出一個粗略的計畫：他將前往西部和南部，盡可能讓自己遠離北韓和邊界的巡邏士兵。然後，他會找出友善的韓國人，希望在他們的協助下，能在中國南方找到一份穩定的工作，建立起一種低調的生活。他已經完全放棄前往南韓的希望。

當時，申東赫已經學會一些中文，可以向畜牧場管理人解釋他為什麼必須離開。他說如果他繼續住在邊界附近，警察會逮捕他，並強行將他送回北韓。

畜牧場管理人沒有多說什麼，只是給他六百元人民幣，即七十二美元。他照顧牛群十個月，所以他每天的工資不到兩毛五美金。在養豬場時，申東赫每天賺六毛美金，所以他認為他該領到至少兩倍的工資。

他被騙了，但是，和所有在中國工作的北韓人一樣，他不能抗議。畜牧場管理人送給申東赫一張地圖，作為臨別的禮物。然後，他帶申東赫前往附近的和龍市公車站。

申東赫認為，在中國旅行比在北韓旅行更容易、更安全。養豬農送他的衣服是當地做的，不會引起太多注意。當他獨自旅行並且保持沉默，他發現外人無法從他的面孔和舉止，判定他是一個正在逃亡的北韓人。

當申東赫向韓裔中國人要求食物、錢或工作時，他會提到他來自北韓。雖然如此，他明白他不是什麼特別人物。在他之前已經有一大堆叛逃者來求助了。他所遇到的人，多半不會因為他是北韓人，而感到驚恐或興趣，因為他們對於北韓人已經感到十分厭煩了。

沒有人要求看他的身分證，不論是當他在和龍買公車票，打算前往一百零五英里以外的吉林省會長春；當他搭火車前往五百英里以外的北京；或者是當他搭公車前往一千英里以外的成都——中國西南方一個有五百萬人的城市。

成都是他在北京的公車站隨便挑選出來的目的地。抵達這個城市時，他開始找工作。

他在一間韓國餐廳找到一本雜誌，而這本雜誌列出幾間小教會的名字和地址。來到每間教會時，他會要求和牧師說話，並解釋他是北韓人，他需要幫助。韓裔牧師會給他相當於十五美元的人民幣，但是，沒有人給他工作或住處。他們也叫他走開，並說幫助叛逃者是違法的。

在中國求助時，申東赫總是儘量避免開口。他沒有告訴任何人，他是一座政治勞改營的逃犯，因為他擔心如果這樣做，有人會將他交給警方。他儘量避免和人深談，也遠離旅館和賓館，因為他擔心有人會要求看他的證件。

許多夜晚，他待在網吧，那是一種無所不在的東亞網咖，一天二十四小時，多半未婚的年輕人會在那兒玩電腦遊戲和上網。

申東赫發現，他可以在網吧得到指示和一些休息（如果不能睡覺的話）。他看起來就像那些在這類地方閒晃的、漫無目標的失業年輕人，而他們為數眾多。沒有人要求看他的證件。

在成都被八間教會拒絕之後，申東赫苦哈哈地搭長途公車回北京。在那兒，有十天時間，他重新專注於到韓國餐廳找工作。雖然有時餐廳老闆或經理會給他食物或一些錢，但是，沒有人給他工作。

找不到工作時，申東赫沒有驚慌或灰心。他比大多數人更看重食物，而在中國，不管去哪裡，他總是看到許多食物。令他感到驚訝的是，在中國，似乎連狗都吃得飽飽的。如果沒有錢買食物，他就行乞，而他發現，中國人通常會給他一些東西。

申東赫開始相信，他不會餓死，而這一點已經足以使他冷靜下來，並抱持希望。他不必闖入別人的屋子找食物、錢，或是衣服。

申東赫離開北京，搭公車到七十英里以外的天津，那是一個有著一千萬人的城市。在天津，他再度嘗試向韓國教會求助，而牧師同樣給他一點錢，但沒有給他工作或住處。他搭公車往南去到兩百二十英里以外的濟南，在這座有五百萬人的城市，他待了五天，尋找其他韓國教會。但是，仍然沒有人給他工作。

他又再度南行。二〇〇六年二月六日，在他渡過冰凍的圖們江、進入中國後一年又一個星期，他抵達杭州。那是一座大約有六百萬人的城市，位於長江三角洲，而在他走進的第三間韓國餐館，老闆給他一份工作。

那間餐廳叫「海棠花韓國料理」，而那是一間非常忙亂的餐廳，申東赫的工作時間很長，必須洗碗和清理餐桌。十一天後，他受夠了，所以他告訴老闆他要辭職。他領了工資，搭了一輛公車，前往杭州以南大約九十英里的上海。

在上海公車站，申東赫瀏覽一本韓文雜誌，找到一串韓國餐廳的名字，於是再度出發去找工作。

他去了他所列出的第一間餐廳，問那裡的一位女服務生：「我可以見見這裡的老闆嗎？」

「你問這個做什麼？」女服務生回答。

申東赫說：「我是從北韓來的，我剛剛下公車，沒有地方可去。我想知道我是否可以在這裡工作。」

那位女服務生說，老闆現在沒空。

「這裡有我可以做的工作嗎？」申東赫哀求著。

「這裡沒有工作，但是在那邊吃飯的那個人說，他是從韓國來的，你應該問問他。」

女服務生指著一個很晚才吃午餐的顧客。

「對不起，我是從北韓來的，我正在找工作，請幫助我，」申東赫說。

那人把申東赫的臉端詳一會兒，然後問他，家鄉在哪裡。申東赫說，他來自北倉，那是靠近十四號勞改營的鎮，他的第一袋米就是在那兒偷來的。

「你真的是從北韓來的嗎？」那人問，然後取出一本筆記簿，開始作筆記。

申東赫遇到了一位記者，一位由南韓主要媒體派駐在上海的記者。

「你為什麼來上海？」他問申東赫。

申東赫重複剛才所說的話。他在找工作，因為他很餓。那位記者記下一切，而那不是申東赫習慣的談話方式，他從來沒有見過記者，所以他變得非常焦慮。

經過長長的沉默，那人問申東赫，是否想去南韓，這讓申東赫更加焦慮。抵達上海時，申東赫早就將前往南韓的希望完全拋在腦後了。他告訴那位記者，他沒有錢，沒辦法去南韓。

那人建議他們一起離開餐廳。來到外面的街道時，他攔了一部計程車，叫申東赫上車，然後坐在他身邊。幾分鐘後，他告訴申東赫，他們要去南韓領事館。

那位記者接著解釋，下車時，他們可能會遇到危險。申東赫已經感到很不安了，聽他這麼說，他變得更加驚慌。記者告訴申東赫，如果有人抓他，他必須將那人甩開，然後開始跑。

接近領事館時，他們看到警車和幾名穿制服的警察在入口處徘徊。自從二〇〇二年起，北京政府就一直嘗試制止北韓人衝入外國大使館和領事館尋求庇護，而且時而有斬獲。

申東赫一直避開中國警察。因為擔心會遭到逮捕，被驅逐出境。他從來不敢闖入屋子偷衣服或食物。他儘量讓自己變得不醒目，而且他做到了。

但是現在，一個陌生人想要帶他進入一棟戒備森嚴的建築物，而且告訴他，如果警察想要逮捕他，他必須逃跑。

當計程車在一棟懸掛著南韓國旗的建築物前停下來，申東赫覺得胸口沉甸甸的。來到街上時，他擔心自己會走不動，但是，那位記者叫他微笑，並將一隻手搭在他身上，將他拉近他身邊。他們一起走向領事館大門，然後，那位記者以中文告訴警察，他和朋友要進去辦事。

警察打開大門，揮手叫他們進去。

一進入領事館，記者立即叫申東赫放輕鬆。但是申東赫不明白，他已經安全了。儘管領事館工作人員一再向他保證，他仍然不相信，他已在南韓政府的保護之下。他不明白外交豁免權的意義。

領事館很舒適，南韓官員樂於幫忙，而且在領事館裡面，還有另一名北韓叛逃者可以和他聊天。

有生以來第一次，申東赫天天淋浴。他有新衣服，有乾淨的內衣褲。此外，他獲得了充分的休息，也把自己刷洗的得乾乾淨淨，而且愈來愈覺得自己很安全。他等待著領事館處理完文書工作，讓他能夠前往南韓。

領事館的官員告訴他，那名幫助他的記者已經遭到中國當局的刁難（那名記者仍然不願公布他的名字，以及他所服務的新聞機構）。

在領事館待了六個月後，申東赫搭機到首爾，而南韓國家情報院對他非常有興趣。在為期一個月的偵訊期間，申東赫將他的生命故事告訴國家情報院的幹員。他儘量試著誠實，但是，他沒有提起告發母親和哥哥的部分。

當南韓情報院的幹員結束對申東赫的偵訊，輪到美國陸軍情報局展開偵訊。這是韓戰的遺產，是一項有著十年歷史的協定。藉此，美國情報單位有第一手機會得到叛逃者對於北韓的了解。

陸軍中士馬修．麥馬洪是一名會說韓文的偵訊官員，在維琴尼亞州長大。在一間軍人醫院裡，他對申東赫進行了一個半小時的偵訊，而申東赫的創傷、脆弱和困惑讓他印象深刻。

「他很難把一切連結在一起，」麥馬洪回憶說：「談論自己的遭遇時，他的臉部表情沒有任何變化。我想他不明白究竟發生了什麼事，也不明白他在哪裡。他似乎從來沒有和白人說過話。」

和麥馬洪偵訊過的其他叛逃者不同，申東赫完全不了解北韓的日常生活，對於金正日也一無所知。但是，他說了一個故事，而這位美國偵訊官員認為他的故事十分可信，也很令人震驚。（申東赫沒有告訴他，他告發自己的母親。）麥馬洪迅速寫了一篇長長的報告，而這篇報告引發美國情報圈的高度興趣。他說在過去，美國情報圈一直沒有特別留意北韓的勞改營。

第廿一章

第一張信用卡

接受了情報人員的偵訊後，申東赫到「哈納文」報告。哈納文是指韓國的「統一院」，這是政府經營的北韓人安置中心，坐落在首爾以南大約四十英里的青翠山間，而首爾是一個雜亂無序的大都會，有兩千多萬人。安置中心看起來像一間資金充裕、注重安全的精神病院。那是一棟三層樓的紅磚建築物，周圍有高高的柵欄，頂端有攝影機，而旁邊有巡邏的武裝守衛。

韓國的統一部在一九九九年建造哈那文，其目的是收容和餵養北韓叛逃者，並教導他們如何適應南韓競爭激烈的資本主義文化，並在這種文化中生存下來。

為了這個目的，安置中心的工作人員包括心理學家、職業顧問，以及教導世界歷史、駕駛或其他一切知識的教師。此外，這裡也有醫師、護士和牙醫。待在安置中心的那三個月，叛逃者學習認識他們在南韓法律下所享有的權利，並到購物中心、銀行和地鐵站進行實地學習。

當我去參觀哈納文，主任高敬彬告訴我：「每一位叛逃者都有適應上的問題。」

起初，申東赫的適應能力似乎高於大多數叛逃者。

實地教學沒有讓他驚訝或害怕。他曾經獨闖中國幾個最大、最繁榮的城市，所以他已經習慣於粗魯的群眾、高樓大廈、閃閃發亮的車輛和電子產品。

在他待在哈納文的第一個月，他拿到了證明他是南韓公民的文件、照片和證件，那是南韓政府自動發給叛逃者的。他也上課，而那些課解釋政府為叛逃者提供的許多好處和計畫，包括免費公寓，以及為期兩年、每月八百美元的安置津貼。此外，如果叛逃者持續接受工作訓練或更高的教育，他們將可領到一萬八千美元。

當他和其他叛逃者在教室上課，他明白韓戰的肇端，是北韓在一九五〇年六月二十五日突然無故入侵南韓。這堂歷史課讓大多數剛剛逃離北韓的人大吃一驚，因為從小北韓政府就告訴他們，南韓在美國的鼓勵和軍事援助下，發動這場戰爭。在哈納文，許多叛逃者拒絕相信這段最重要的北韓歷史是一個謊言，而且勃然大怒。如果有人告訴美國人，因為美國人偷襲東京港，所以第二次世界大戰在太平洋爆發了，美國人也許也會有相同的反應。

在十四號勞改營，申東赫沒有學習過什麼歷史知識，對他而言，徹底修改過的朝鮮半島歷史沒有任何意義。他比較有興趣的，是那些教他如何使用電腦和上網找資訊的課程。

待在哈納文將近一個月，也就是申東赫開始覺得他能夠適應那地方時，他開始做一些讓自己飽受困擾的夢。他看見母親被絞死，看見朴永哲的屍體倒臥在圍籬上。他也想像他逃跑後，他父親會如何遭受嚴刑拷打。當噩夢繼續糾纏他時，他退出汽車修理的課程，也沒有去上駕駛課。此外，他停止進食，並且持續失眠。罪惡感讓他幾乎癱瘓。

抵達哈納文時，幾乎所有的叛逃者都出現多疑症的臨床症狀。他們竊竊私語，打鬥，害怕透露自己的名字、年齡，或出生地。而他們的言行舉止常常得罪南韓人，因為他們不習慣說「謝謝」或「抱歉」。

當叛逃者在實地教學中去銀行開帳戶，南韓的銀行職員問他們的問題，常常讓他們陷入驚恐。其實，只要遇到有權位的人，他們多半會懷疑他們的動機。此外，他們在北韓拋下的一切，讓他們充滿內疚。由於教育和經濟水準比不上南韓人，他們非常苦惱，有時甚至會慌亂失措；而他們的的衣著、談吐，甚至是髮型，也讓他們感到羞恥。

金喜慶是一名臨床心理學家，她在她位於哈納文的辦公室告訴我：「在北韓，多疑症是對於實際狀況的合理反應，有助於這些人存活下來。但是，多疑症使他們無法理解南韓的情況。這也成為同化的一大障礙。」

來自北韓的青少年在「韓係來中學」待兩個月至兩年，這是一所由政府資助、隸屬於哈納文的輔導住宿學校，設立於二〇〇六年，其目的是幫助剛剛從北韓抵達的青少年，因為他們多半無法適應南韓的公立學校。

在這裡，幾乎所有的青少年都無法輕鬆地學習基本閱讀和數學。有些青少年的認知能力受損，顯然那是嬰兒時期嚴重營養不良所導致的結果。即使是最聰明的青少年所認識的世界歷史，基本上也只是偉大領袖金日成和他的寶貝兒子金正日的個人神話。

韓係來中學的校長郭鐘文告訴我：「在南韓生活時，北韓的教育毫無用處。當你挨餓時，你不會去學習，而老師也不會教你。我們的許多學生都曾在中國躲藏多年，無法上學。小時候在北韓，他們是吃樹皮長大的，而他們以為那是正常現象。」

到電影院進行實地教學時，如果碰到燈光熄滅，年輕的叛逃者往往會驚慌失措，擔心有人會綁架他們。此外，南韓人所說的韓文讓他們困惑，因為那種韓文往往混雜著美式英文，例如南韓人會說「瞎拼」（shopping，購物）和「卡克貼」（cocktail，雞尾酒）。

一件事讓他們覺得難以置信：南韓人把錢存在塑膠做的「庫雷迪特——卡度斯」（credit cards，信用卡）。

南韓青少年的主食比薩、熱狗和漢堡讓他們消化不良，太多的米飯也是如此。因為，雖然米飯曾是北韓人的主食，但是在後饑荒時期，只有有錢人才吃得到這種東西。

一位韓係來中學的十幾歲女孩以衣服柔軟精漱口，她以為那是漱口水。還有一位女孩把洗衣粉當成烘烤用的麵粉。此外，許多人第一次聽到洗衣機的噪音時，都嚇了一大跳。

除了多疑症、困惑，以及偶爾的科技恐懼症，叛逃者也患了幾乎不存在於南韓的可預防疾病。過去十年在哈納文當護士長的田正熙告訴我，來自北韓的女人多半患有慢性婦科感染和囊腫。她說許多叛逃者抵達時，都患有肺結核，而他們從來沒有以抗生素治療過這種疾病。他們來到南韓時，也常常帶著慢性消化不良症，以及B型肝炎。這位護士長說，一般疾病很難診斷出來，因為叛逃者不習慣詢問個人問題和開藥的醫生，也不信任他們。因為營養不良，也因為飲食中缺乏鈣，所以不論男人、女人或孩童都有嚴重的牙齒問題。在哈納文，每年花在保健的錢，有半數都用於修復性的牙齒治療。

許多（如果不是大多數）來到哈納文的叛逃者，都靠著南韓仲介的幫助，才能夠逃出北韓。這些仲介熱切地等待叛逃者從安置中心畢業，並開始領取政府所發的每月津貼。然後，他們就會向叛逃者索取服務費。那位護士長告訴我，債務讓哈納文的叛逃者非常煩惱。

中東赫不必擔心仲介，而在上海領事館的那半年，他獲得充分休息，也天天享用三餐，所以他的健康狀況相對良好。

但是他的噩夢沒有消失。

不但沒有消失，反而變得更加頻繁，這令他更加不安。他發現他那舒適的、吃得好的生活，無法和縈繞他腦中的十四號勞改營的恐怖景象和平共處。

當他的精神狀態惡化時，哈納文的醫護人員明白他需要特別照顧，於是將他轉到附近一家醫院的精神病房。他在那裡待了兩個半月，有時他獨自一人待在那裡，但是多半時間，他接受幫助他入睡和進食的藥物治療。

在上海的南韓大使館，他已經開始寫日記，精神病房的醫師鼓勵他繼續寫下去，因為他被診斷出患有創傷後壓力症候群，而寫日記可以作為治療的一部分。

除了噩夢慢慢消失之外，申東赫不記得太多住院期間的事。

出院後，他搬入一間韓國統一部買給他的小公寓。這間公寓位於華城，那是一個大約有五十萬人口的城市，位於朝鮮半島中部靠近黃海的低矮平原。華城在首爾以南大約三十英里的地方。

在第一個月，申東赫幾乎足不出戶，只是從公寓窗戶看著南韓人的日常生活。最後，他冒險出門，而他把自己能夠出門比作指甲慢慢長出來。他無法解釋那是如何發生的，也無法解釋為什麼。他就那樣來到外面的世界。

當申東赫開始冒險進入城市，他上駕駛課。由於所知的字彙有限，有兩次，他沒有通過駕駛考試的筆試。然後，申東赫發現，他很難找到一份他有興趣的工作，也很難維持一份別人給他的工作。他撿廢鐵，做陶盆，也在便利商店工作。

哈納文的求職顧問說，大多數的北韓人都有類似的流亡經驗。他們往往倚靠南韓政府來解決問題，無法為不良的工作習慣或上班遲到負起個人責任。叛逃者常常辭掉政府為他們找來的工作並自己創業，但沒有成功。有些剛剛抵達的北韓人非常厭惡南韓的生活，因為在他們的眼中，那種生活墮落而不公平。為了讓雇主願意容忍不好伺候的北韓新移民，只要他們冒險雇用一名叛逃者，統一部一年就發給他們一千八百美元。

申東赫經常獨自待在他那一房的公寓裡，感到非常寂寞。他試著打聽他大伯的下落。申泰燮在韓戰後逃到南韓，因為他犯下的叛逃罪，申東赫的父親和他的整個家族都被送到十四號勞改營。

但是，申東赫只知道這位大伯的名字，而南韓政府告訴他，他們沒有任何關於這個名字的資訊。統一部說，他們只能聯絡到曾經登記表示希望和失聯親人團聚的人。申東赫於是放棄搜尋。

一位在醫院治療過申東赫的精神科醫師，讓他和「北韓人權資料庫中心」的一位顧問聯繫。那是首爾的一個非政府組織，而它的工作是蒐集、分析和公布有關北韓暴行的資訊。

申東赫的日記原本是一種自我治療的工具，但是，這位顧問鼓勵他將日記變成回憶錄，而在二〇〇七年，北韓人權資料庫中心以韓文出版這本回憶錄。撰寫回憶錄時，申東赫開始在資料庫中心位於首爾的辦公室度過大部分時間。他們給他一個睡覺的地方，而他也和編輯及其他工作人員變成了朋友。

當首爾流傳著申東赫如何在一個沒有出口的勞改營出生，以及如何逃出這個勞改營，他開始會見許多南韓主要的人權活躍分子，以及叛逃者組織的領導人。除了人權律師、南韓記者，以及其他熟知勞改營的專家外，曾在勞改營當過囚犯和守衛的北韓人，也仔細查證和研究他的故事。他對勞改營運作方式的了解、他那傷痕累累的身體，以及他那焦慮不安的眼神，都十分具有說服力。此外，他們普遍認為，他是第一位逃離政治監獄後，來到南韓的北韓人。

安明哲曾在北韓四個勞改營當過守衛和司機，而他告訴《國際先驅論壇報》，他相信申東赫住過一個完全管制區。當他和申東赫見面時，他說他注意到那些洩露祕密的標記：避免視線的接觸，以及因為小時候做苦工而彎曲的手臂。[1]

金泰鎮是「反抗北韓古拉格民主組織」的主席，也是一名北韓叛逃者，他曾在十五號勞改營待了十年，然後才獲得釋放。在二〇〇八年，他告訴我：「起初，我不相信申東赫，因為之前，從來沒有人能逃出勞改營。」[2]

但是，和其他擁有勞改營第一手知識的人一樣，金泰鎮和申東赫見過面後，認為他的故事既不尋常，也非常可靠。

在南韓以外，人權專家開始注意到申東赫。二〇〇八年春天，他受邀前往日本和美國。他出現在加州大學、柏克萊大學和哥倫比亞大學，並且對谷歌員工發表演說。

當那些了解並重視他遭遇的人變成他的朋友，他對自己有了信心，開始填補他對北韓知識的漏洞。他大量閱讀網路和南韓報紙上有關北韓的新聞。他研究朝鮮半島的歷史、金氏獨裁者家族的臭名，以及北韓如何淪為國際賤民。

1 Choe Sang-hun（崔相勳）, "Born and Raised in a North Korean Gulag," *International Herald Tribune* (July 9, 2007).

2 Blaine Harden, "North Korean Prison Camp Escapee Tells of Horrors," Washington Post (Dec. 11, 008). http://www.washingtonpost.com/wp-dyn/content/article/2008/12/10/AR2008121003855.html.

多年來，資料庫中心的工作人員一直和北韓人合作，而在他們眼中，申東赫是一個未經雕琢的天才。

資料庫中心一位小組領導人金永久告訴我：「和其他叛逃者相比，他的學習能力很強，也很能適應文化震撼。」

申東赫開始在星期日上午跟著新朋友上教會，但他無法理解上帝的存在，無法理解祂的慈愛和樂於饒恕。

出於直覺，申東赫不願意向人提出要求。勞改營的老師懲罰提出問題的學生。而在首爾，即使他的身旁盡是關心他的人和見多識廣的朋友，他仍然無法輕易向人求助。他狼吞虎嚥地閱讀，但不願意用字典查出不認得的字，也不曾要求朋友解釋他所不明白的事物。由於他不去理會無法當下了解的事物，所以他的東京、紐約和加州之旅，並沒有引發他的驚歎和興奮。申東赫明白，這樣做會降低適應新生活的能力，但他也知道，他無法強迫自己改變。

第廿二章
冷漠的南韓

在十四號勞改營，只有金正日和金日成的生日才是重要的生日。他們的生日是北韓的全國假日，即使在沒有出口的勞改營，囚犯也能放假一天。

在申東赫的成長過程中，沒有人（包括他自己）留意他的生日。

當他在南韓度過二十六歲生日，情況改變了，四個朋友在首爾商業區的星期五餐廳，為他舉行了一次驚喜生日派對。

二〇〇八年十二月，在他過完生日之後幾天，我們第一次見面，他告訴我：「我太感動了。」

但是，這種情形很少見。儘管有人為他慶生，申東赫在南韓並不快樂，他剛剛才辭掉一份在首爾的酒吧端啤酒的兼職工作。他在商業區和別人合租一間公寓，他那間小房間的月租是三百美元，但他已經花完每個月從統一部領到的八百美元津貼，所以不知道該如何付房租。他已經把銀行帳戶的錢領光，所以他大聲地說，擔心自己可能會加入首爾中央火車站的那一群遊民。

他的社交生活也沒有起色。偶爾他和公寓室友一起用餐，但他沒有女朋友或要好的朋友。他不願和其他從勞改營出來的北韓人往來，或一起工作。在這方面，他就像許多北韓叛逃者一樣。研究顯示，抵達南韓後兩年至三年，他們不會輕易和其他叛逃者往來，而且常常避免和其他叛逃者接觸。[1]

他的回憶錄是一大失敗，印了三千本，但只賣出約五百本。申東赫說，這本書沒有讓他賺到錢。

資料庫中心出版這本書後，組織主任金尚勳告訴《基督教科學箴言報》：「他們沒有興趣。南韓社會對北韓人權問題十分冷漠。」[2]

然而，申東赫絕不是被南韓大眾冷漠以對的第一個北韓勞改營倖存者。

姜哲煥和家人在十五號勞改營住了十年，然後才在一九八七年被視為「改過自新者」並獲得釋放。他和記者皮耶·李古樂共同寫下他那扣人心弦的故事，並於二〇〇〇年以法文出版這

1 Suh Jae-jean（徐載鎮）, "North Korean Defectors: Their Adaptation and Resettlement," *East Asia Review* 14, no. 3 (Autumn 2002), 77.

2 Donald Kirk, "North Korean Defector Speaks Out," *Christian Science Monitor* (Nov. 6, 2007).

個故事。然而，在這本書被譯成英文之前，南韓人對它幾乎不聞不問。這本書的書名是《平壤水族館：我在北韓古拉格的十年》。這本書出現在布希總統的辦公桌，於是，布希總統邀請姜哲煥到白宮討論北韓。後來布希總統說，該書是「在我總統任內，對我發揮最大影響力的書之一。」[3]

「我不想批評這個國家，」我們見面的第一天，申東赫告訴我：「但我會說，在南韓的總人口中，對北韓真正有興趣的，只有百分之零點零零一。他們的生活方式不容許他們思考邊界以外的事。那裡沒有他們要的東西。」

申東赫誇大了南韓對於北韓的冷漠，但是他的說法是有根據的。南韓在這方面的遲鈍令該國和國際的人權團體感到困惑不解。儘管排山倒海而來的證據顯示，北韓勞改營內的暴行持續著，但這很少喚起南韓大眾的關注。就如韓國律師協會所說的：「南韓人公開擁護友愛，自己卻陷入冷漠泥沼，真是令人百思不解。」[4]

當李明博在二〇〇七年當選為南韓總統，只有百分之三的選民認為，北韓是南韓主要的關注對象。他們告訴民意調查機構，他們最關心的，是賺更多的錢。

---

3 George W. Bush, *Decision Points* (New York: Crown, 2010), 422.

4 韓國律師協會，「二〇〇八年北韓人權白皮書」，第40頁。

談到賺錢，北韓只會浪費他們的時間。南韓經濟比北韓經濟強三十八倍，而南韓國際貿易額是北韓國際貿易額的兩百二十四倍。[5]

然而，北韓時而爆發的好戰精神並沒有引發南韓的憤怒，在二〇一〇年尤其是如此。當時北韓偷偷發動一次潛艇攻擊，造成四十六名南韓士兵喪生，並擊沉在南韓水域航行的軍艦「天安號」。此外，北韓也炮轟南韓的一個小島，造成四人喪生。但是，南韓的復仇欲望往往迅速煙消雲散。

國際調查員證實，天安號是被一枚北韓魚雷所擊沉。隨後，南韓總統李明博說，北韓政府應該「付出代價」，但是，南韓的選民拒絕支持他。美國的九一一事件促使美國對阿富汗和伊拉克宣戰，南韓卻沒有類似的反應。李明博的政黨在期中選舉中潰敗，這一點顯示南韓比較關注的，是維持和平和生活水準，而不是給北韓一個教訓。

林承烈二十七歲，是首爾的一位成衣批發商，他告訴我：「不論是冷戰或熱戰，如果戰爭爆發，沒有哪一方是贏家。我們的國家比北韓富有，也比北韓聰明。發生衝突時，我們必須訴諸理性。」

為了回應毗鄰的獨裁國家，南韓花了數十年的時間來琢磨理性的意義。在這段期間，北韓

5 Moon Ihlwan（洗扉棖），"North Korea's GDP Growth Better Than South Korea's" Bloomberg Businessweek (June 30, 2009).

已經將百分之八十的軍事火力轉移到非軍事化地區的六十英里內，這是一個戒備森嚴的邊界地帶，將南、北韓隔開來，而北韓並且一再威脅，要將離邊界只有三十五英里的首爾變成「一片火海」。來自北韓的血腥突襲，往往每隔十年至十五年就發生一次，最早是在一九六八年，當時北韓派遣刺殺小組嘗試暗殺南韓總統。然後在一九八七年，一架南韓噴射客機遭到轟炸，而在一九九六年，一艘北韓潛艇嘗試藉著特攻部隊進行滲透，但是失敗了。最後在二〇一〇年，南韓的一艘軍艦被擊沉，而它的一座小島遭到炮轟。

這些攻擊讓數百名南韓人喪命，但並沒有激發選民要求政府發動大規模反擊，也沒有制止南韓民眾在這個亞洲第四大經濟體、世界第十一大經濟體中，繼續追求更富裕的生活、更高等的教育，以及更理想的住屋。

南韓人密切注意德國統一所付出的代價。一些研究發現，如果南、北韓統一，南韓所承受的經濟負擔，在比例上將是西德吸收前東德的兩倍半。這些研究發現，統一會讓南韓在三十年之間耗掉兩兆美元，讓南韓人在以後六十年繳納更高的稅。而在可預見的將來，百分之十的南韓國內生產總值將用於北韓。

南韓人希望和北韓統一，但不希望立即統一。許多人不希望在有生之年見到統一，而主要的原因就是，統一的代價太高，他們無法接受。

申東赫和其他許多北韓叛逃者有充分的理由抱怨說，南韓人將他們視為教育程度低、談吐粗俗、衣衫襤褸的鄉巴佬，並且認為北韓是一個亂七八糟的國家，它的麻煩遠多於它的價值。

許多證據顯示，南韓社會讓叛逃者難以融入。住在南韓的北韓人失業率，是南韓全國失業率的四倍，而叛逃者的自殺率是南韓人的二點五倍。

然而，南韓人自己也很難融入他們那一心追求成功、注重地位和教育的文化。中東赫試圖在一個拚命工作、缺乏安全感和壓力過大的奇特社會中，找到自己的出路。經濟合作暨發展組織（OECD）在三十四個富裕國家支持永續經濟發展，而根據它的調查研究，相較於其他已開發國家的公民，南韓人的工作時間較多，睡覺時間較少，自殺率也較高。

南韓人也以極其尖刻的批判眼光看待自己的同胞。他們的自我價值定義非常狹隘，例如進入幾所好大學就讀，以及在三星、現代和LG家電等聯合大企業找到一份備受尊重的高薪工作。

金銀基是南韓頂尖大學韓國大學的社會學教授，他告訴我：「這個社會冷酷、無情、充滿競爭。如果年輕人沒有拿到一張好文憑或好證書（他們稱為「正確的說明書」），他們就變得非常悲觀，相信他們無法在生命中跨出第一步。信不信由你，學業成績的壓力從四年級就開始了，到了七年級，學業成績就變成了一切。」

追求「正確的說明書」使得教育費超過負荷。在富裕的國家中，南韓的人均私人教育費是最高的，這包括請家教、上補習班和在國、內外上英文課的費用。有五分之四的學生從小學到中學都在放學後去補習班。大約有百分之六的南韓國內生產毛額是耗在教育上面，這是美國、日本或英國的教育花費的兩倍多。

南韓熱中於追求成就，已經得到驚人的回報。國際經濟學家經常說，南韓是一個令人肅然起敬的國家，因為從這個國家，我們看到自由市場、民主政府和埋頭苦幹，如何將一個小小的落後農業國家，變成世界強國。

然而，突如其來的富裕也讓南韓人付出了驚人的生命代價。

雖然在一九八〇代初期，大多數其他富裕國家的自殺率都達到高峰，但是在南韓，自殺率繼續攀升，自二〇〇〇年起已經倍增。在二〇〇八年，南韓的自殺率比美國的自殺率高出兩倍半，而且顯著高於鄰國日本，即便自殺是日本文化根深蒂固的一部分。自殺不斷蔓延著，就像一種因為抱負、富裕、家庭分裂和寂寞的壓力，而持續惡化的傳染病。

河圭燮是首爾國立大學醫學院的精神病學家，也是南韓自殺防治學會的會長。他告訴我：「我們得了憂鬱症，卻不去求助，因為我們害怕被當成瘋子。這是我們的快速發展的一個黑暗面。」

雖然因富裕而來的壓力有助於解釋，為什麼南韓對申東赫這類叛逃者冷漠以對。但是，這種冷漠背後還有一個重要因素：民眾對於處理鄰國北韓引發的危機，抱持著分歧的看法。

這視政治趨勢而定，民眾和首爾政府有時傾向於死板地安撫，有時則傾向於謹慎地對抗。

二〇〇八年上任後，李明博總統和他的執政黨對北韓採取強硬態度，幾乎切斷所有的援助，並且針對解除核武以及促進人權合作提出條件。這項政策導致之後幾年北韓對南韓發射飛彈，造成緊張不安的局勢；也導致經濟交易凍結、邊界交火，以及北韓時不時就威脅要發動「全面戰爭」。

在李明博當選總統之前，南韓的政策幾乎完全背道而馳。金大中和盧武鉉總統執行「陽光政策」，在平壤和金正日舉行高峰會，同意將糧食和肥料大量運往北韓，也批准慷慨的經濟交易。這項政策幾乎完全忽略勞改營的存在，也沒有嘗試監視流入北韓的援助，究竟落入了誰的口袋。但是，這項政策讓金大中獲得諾貝爾和平獎。

偶爾，南韓對於處理北韓問題的分歧看法，會表現在南、北韓邊界上一種類似歌舞伎劇場的場合中。在那裡，叛逃者會放出飄往北韓的氣球，上面夾帶著打算讓金正日火冒三丈的傳單；因為那些傳單說，金正日喝昂貴的進口名酒，勾引別人的老婆，是殺人兇手、蓄奴者，是「魔鬼」。

我參加過一次這類放氣球的活動，看到李明博政府的警察奮力保護一名北韓叛逃者朴相學，使他免於受到憤怒的統一派分子以及大學知識分子的傷害。這些人堅稱，只有一個政策是可行的，那就是以不帶威脅的方式和金正日政府交涉。

結束之前，朴相學不偏不倚地踢中一名反抗議者的頭部，發出類似球棒打中棒球的聲響。而他也對其他幾個人吐口水，並取出夾克裡的催淚瓦斯槍，在警察將它奪走前對空發射。他無法制止對手扯破大多數裝有反北韓傳單的袋子。

最後，雖然朴相學的團體帶了十個氣球來，但只能放出一個，而成千上萬張的傳單則散落了一地。

發生這次氣球災難的隔天，我和申東赫第一次見面。他沒有參加這個活動，因為他不習慣街頭對峙。他一直在觀看盟軍解放納粹集中營的舊影片，而在這些影片中，他看到推土機挖出希特勒搖搖欲墜的第三帝國想要掩藏的屍體。

「這是遲早的問題，」申東赫告訴我，而這時，北韓尚未決定摧毀勞改營。「我希望美國可以透過施壓和勸說，說服〔北韓政府〕不要把勞改營的人通通殺掉。」

申東赫仍然不知道該如何在南韓付賬單、謀生，或找到女朋友，但他已經決定了在他有生之年想做的一件事：成為人權活躍分子，讓國際社會進一步認識勞改營的存在。

為了這個目的，他打算離開南韓，搬到美國去。非營利團體「自由北韓」決定贊助他的第一次美國之行，而他接受了這個提議。他決定搬到南加州。

第廿三章

美國是天堂嗎？

一個涼爽的秋末晚上，在洛杉磯的一處濱海郊區，申東赫站在一小群韓裔美國青少年面前。他穿著一件紅色圓領汗衫、一條牛仔褲和一雙涼鞋。那些專注的孩子坐在折椅上，而申東赫神情輕鬆，對他們露出親切的微笑。他是托蘭斯第一長老教會的講員，主題是十四號勞改營的生活，這也是他每一次公開演講的主題。

一年多來，他在自由北韓的贊助者一直差遣他到這類場合演講，並且不斷要求他預備恰當的評論。他們希望他發表一場有條有理、扣人心弦的演說，而且最好是一場英文演說；他們希望他藉由他那獨一無二的故事撼動美國聽眾，激發他們成為志工，並為北韓人權運動募款。一位自由北韓的行政人員告訴我：「申東赫可以成為我們和這項運動的極大資產。我們告訴他：『你可以成為北韓的代表人物』。」

關於這件事，申東赫不太確定。

在托蘭斯的那一晚，他什麼也沒準備。一位自由北韓的工作人員將他介紹給學生後，他以韓文向他們打招呼，然後透過翻譯員問他們，是否想問任何問題。

當一個女孩要他解釋他如何逃出來，他的表情顯得十分痛苦。

「這是一個敏感的私人問題，我盡可能避免談這件事，」他說。

他勉強說出一個簡短、粗略、經過消毒的逃亡故事，但是，沒有深入了解他的生命細節的人，多半無法理解這個故事。

大約十五分鐘後，他以下面這些話結束這場演講：「也許我的故事讓人覺得難過，但我不希望你們灰心喪氣。」

他讓聽眾感到乏味和困惑。一個男孩顯然不清楚申東赫是誰，也不知道他在北韓做了什麼，所以他提出這個問題，這場演講的最後一個問題是：在北韓當兵是什麼情形？申東赫糾正他說，他沒有在朝鮮人民軍當過兵。他補充說：「我沒有資格當兵。」

聽了申東赫在教會的演講後，我逼他解釋這究竟是怎麼一回事：如果對你而言，公開談論在勞改營的遭遇是一件難事，為什麼你想成為一名人權證人？為什麼你會漏掉可能讓聽眾義憤填膺的部分？

「我所經歷的事只屬於我，」他回答，但沒有直視我的眼睛：「我相信大多數人都不太明白我在說些什麼。」

惡夢——他母親被絞死的畫面——持續糾纏著他的睡眠。在他位於托蘭斯和自由北韓工作人員同住的房子裡，他的尖叫聲吵醒了室友。他拒絕接洛杉磯一些心理治療師所提供的免費輔導，即使他們會說韓文；他拒絕去上課取得中學同等學歷，也拒絕考慮上大學。

在我們那幾週的漫長談話中，有幾次，他提到他心裡「有一個地方死去了」，所以他很難有任何感覺。他說有時候，他假裝很高興看到他所激發的反應。但通常他甚至不想去假裝。

申東赫無法輕易適應美國生活。

在二〇〇九年的春天，抵達加州後不久，申東赫開始劇烈頭痛，這種情況持續著。自由北韓的同事擔心他得了創傷後壓力症候群。事實上，他的頭痛是嚴重蛀牙所導致的結果。一位牙醫為他進行根管手術，然後，他的頭痛消失了。

這次的迅速痊癒是一個例外。

不論現在或將來，不論在美國或南韓，申東赫無法迅速地、輕易地適應圍籬外的生活。這是他的朋友告訴我的，而他自己也這樣跟我說。

安迪．金是一個協助經營自由北韓的韓裔美國年輕人，有一段時間，他是申東赫最親密的朋友，他說：「他無法享受生活，因為還有人在勞改營受苦。他把快樂視為一件自私的事。」

安迪和申東赫的年紀相仿，兩人經常一起在Los Chilaquiles吃午餐，那是一家便宜的墨西哥餐館，位於一個路邊購物商圈，離托蘭斯工業園區內的自由北韓辦公室不遠。申東赫喜歡吃，在韓國和墨西哥餐廳時，他的話最多。有幾個月，安迪每週見申東赫一次，兩人每次以一小時的時間，討論申東赫在美國的生活進展。

許多好事發生了。申東赫在辦公室變得喜歡聊天和開玩笑。他會突然跑進辦公室，告訴安迪和自由北韓的其他工作人員，他「愛」他們，這讓他們嚇了一大跳。但是，當這些人給他建議和忠告時，他的反應常常不是很好，而他也很難區分出建設性的批評，以及針對個人的出賣。申東赫沒有學好金錢管理，有時，他會以超過自己所能負擔的錢吃晚餐，或為朋友買機票。他和安迪交談時，他會流淚說，說自己是「沒用的垃圾」。

安迪說：「申東赫有時從新的自我的眼中看自己，有時則從勞改營守衛的眼中看自己。有時他在這兒，有時他在那兒。」

我問申東赫，這種說法是否屬實，他點頭。

「我正從動物進化成人類，」他說：「但是，這是一個非常緩慢的過程。有時我試著像別人那樣哭哭笑笑，想看看我會有什麼感覺。然而，我無法流淚，也笑不出來。」

在世界各地的集中營倖存者當中，研究人員發現一種行為模式，而申東赫的行為符合這種模式。他們經常帶著一個「受污染的身分」走過生命的歷程。這是哈佛大學的精神病專家茱蒂絲．路易士．赫曼所提出的說法。

赫曼的著作《創傷和復原》探討政治暴行對心理造成的影響。在這本書裡，她說：「他們不只患了典型的創傷後症候群，他們和上帝、和別人、和自己的關係，也出現重大的轉變。大多數的倖存者「時時刻刻帶著一種羞恥感、自我厭惡感和失敗感。」[1]

申東赫抵達加州後不久，一位出生於首爾的牧師妻子鄭京順開始煮東西給他吃，像母親般關心他，並關注他如何適應美國生活。當他第一次來她家吃晚餐，她跑過去想要擁抱他，但是他不願讓她擁抱，因為被人觸摸讓他覺得不舒服。

但他繼續來吃晚餐，部分原因是他喜歡鄭京順的廚藝。他也和鄭京順二十幾歲的孩子變成朋友。尤妮絲是申東赫在首爾就見過的人權活躍分子，而她的弟弟大衛剛剛才從耶魯大學畢業，也對人權有興趣。這一家人住在河濱郡，那是一個位於托蘭斯以東六十英里的城市，而他們已經和不少北韓移民變成朋友。鄭京順和丈夫金正均主持一個叫常春藤全球佈道團的小型基督教事工。申東赫找到了一個接受他、歡迎他、愛他的韓國家庭。這一家人相親相愛、相互照顧，這一點讓申東赫感到非常羨慕，也覺得有點吃不消（他們也愛他、關心他）。幾乎有兩年時間，他每隔一星期就去鄭京順家吃晚餐，而且都是在星期六晚上去。他在一間客房過夜，然後在星期天和他們一家人上教會。

英文不太靈光的鄭京順開始說，申東赫是她的大兒子。申東赫容許她擁抱他，然後，他也

1 Judith Herman, *Trauma and Recovery* (New York: Basic Books, 1997), 94-95

擁抱她。他得知鄭京順喜歡冷凍優格，所以去吃晚餐之前，他會到一間超市買優格給她。她會逗他說：「你什麼時候帶一個媳婦給我看看？」他討好她，告訴她變瘦、變年輕了。他們一談就是好幾個小時，就只有他們兩人談。

「你為什麼對我這麼好？你不知道我做過什麼事嗎？」申東赫有一次這樣問她，而他的心情變得十分陰沉。

他告訴鄭京順，他「討厭」自己。他無法不夢見母親的死狀，無法原諒自己將父親留在勞改營，也恨自己從朴永哲的屍體上爬過去。他也說他感到羞愧，因為在他逃出北韓的過程中，他偷了那些窮苦的北韓人的米和衣服。

鄭京順相信，申東赫的內疚沒有結束的一天。但是，她常常告訴他，他有強烈的良心，也有一顆善良的心。她也說，他有一個其他北韓人所沒有的優點：他沒有受到圍繞金氏王朝的那些宣傳和個人崇拜的污染。

她說：「申東赫相當單純，沒有遭到洗腦。」

她的孩子看到，在加州待了一、兩年後，申東赫的信心和社交技巧有了顯著的改變。他比較不害羞，比較容易微笑，也變得喜歡和人擁抱。有幾次，在我於加州對他進行訪談的前後，他也會擁抱我。

「以前，當他見到我在教會的朋友，他會侷促不安，」尤妮絲說：「但是現在，他會開玩笑，會哈哈大笑。」

大衛同意這個說法，他說：「申東赫能夠感同情別人。那種叫愛的東西——也許他裡面有許多。」

申東赫的自我評價比較沒有那麼樂觀。

他告訴我：「由於我身旁都是好人，我試著做好人所做的事。但是，這不是一件容易的事，我不是自然而然這麼做的。」

在加州，申東赫開始相信，都是因為上帝，他才能夠逃出十四號勞改營，才能夠幸運地離開北韓和中國。然而，他剛剛找到的基督教信仰，無法挽回發生在他生命中的諸多憾事。當他認識上帝時，他已經來不及救他的母親、哥哥和朴永哲了。他也懷疑上帝會保護他父親，讓他逃過守衛的報復。

同樣地，在十四號勞改營，申東赫沒有罪惡感的問題。青少年時期，他惱怒母親打他，惱怒她冒險逃亡，然後害他遭受酷刑。當她被絞死，他並不悲傷。但是，當他變成勞改營的成年倖存者，當他在情感上離勞改營愈來愈遠，他的憤怒變成內疚和自我厭惡。他說：「這是慢慢開始從我裡面流出來的感覺。」他曾親身見識一個充滿愛和關懷的家庭，所以，當他回想他這個兒子如何對待父母，就覺得無法忍受。

申東赫是根據一個協定來到托蘭斯的：他會幫助「自由北韓」，和這個組織的志工合作，在它安排的場合演講，而這個組織將為他提供住處和生活津貼，但不會付他薪水。在「自由北韓」的幫助下，他取得了十年的多次入境簽證，可以一次在美國停留六個月。

美國移民法給予北韓難民特別關照。由於申東赫身分特殊，是在北韓政治監獄勞改營出生和長大的受害者，所以，他有絕佳的機會取得美國永久居留證。但是，申東赫沒有申請綠卡，因為他不確定自己想住哪裡。

他無法認真追求任何目標。他在托蘭斯上英文課，但是三個月後就退學。大多數時間，他待在自由北韓的辦公室，在那兒讀網路上的北韓新聞，並和那些會說韓文的工作人員聊天。有時候，他滿足於掃地、整理箱子和搬家具之類的工作。他告訴自由北韓理事哈娜．宋，他們對他和其他工作人員應該一視同仁，不要特殊待遇。然而，他們分配工作給他時，他也會面露不悅，有時甚至會發脾氣。每隔六個月，他的工作就會中斷，因為他必須回南韓待幾個星期。

自由北韓敦促在它協助下來到美國的北韓人，在抵達後，立即擬定一個「生活計畫」。這個計畫必須列出實際的、可以達到的目標，有助於新來者建立穩定而有收入的生活。通常這個計畫包括上英文課、讓自己說一口流利的英文、接受職業訓練、接受輔導，以及上金錢管理課程。

申東赫不願訂立這樣的生活計畫，哈娜．宋說，她和自由北韓的其他工作人員縱容他。

哈娜．宋說：「他的故事震撼人心，他認為自己有權不按規矩行事，而我們給他機會。他只是在托蘭斯遊蕩，覺得有必要理解為什麼自己能夠逃出勞改營，但我認為他還沒有想通。」

在朝鮮半島以外，韓國人在洛杉磯比在其他地方更能通行無阻，即使他們沒有學會其他語言。定居於洛杉磯地區的韓裔美國人，已經多達三十幾萬人。

申東赫可以以韓文在托蘭斯和鄰近城鎮用餐、購物、工作、上教會。他學會了一些英文，可以點漢堡和墨西哥食物，也可以和室友聊聊棒球和天氣。

他住在牧場住宅式的四房組屋裡，睡在屋內的一個鋪位上，那是自由北韓所提供的住處，多達十六名大學生年紀的志工和實習生在那兒進進出出。在我去參觀的那一天，廚房洗碗機上有一個告示牌：「請勿打開，我故障了，我很臭。」那兒的傢俱破舊，地毯褪色，而寬廣的陽臺散布著球鞋、涼鞋和人字拖。申東赫和三名自由北韓的志工合住一間擁擠不堪的臥室。

這種略顯混亂、像宿舍的、充滿同志情誼的環境很適合他。雖然有時候，他那些在美國出生的室友很吵、不太會說韓文，而且從來不會待很久，但他寧願和這些充滿活力的短期室友同住，也不願獨居，因為他所熟悉的十四號勞改營持續影響著他。身旁有人時，他睡得比較好，也更能享用食物，即使這些人是陌生人。當他在屋裡難以入眠，或者當他被噩夢驚醒，他會爬出鋪位，蓋著毛毯睡在光禿禿的地板上，像他在勞改營時一樣。

申東赫騎腳踏車上班，那是一段穿越托蘭斯、耗時二十分鐘的輕鬆車程。托蘭斯是一個陽光普照、位於郊區的工業區，是各種文化的大雜燴，坐落於洛杉磯商業區西南方十九英里的地方，有一段位於聖塔莫尼卡灣的美麗海灘，有時申東赫會去那兒散步。托蘭斯那些寬闊的大道是一個世紀前由弗雷德瑞克·羅·歐姆斯鐵德所設計的，而他也協助設計華盛頓的購物中心。

托蘭斯中學地中海復興式的外觀，是電視影集「飛越比佛利」和「捉鬼者巴菲」的背景。托蘭斯也有一座埃克森美孚煉油廠，南加州許多汽油就是出自於此。住在自由北韓的組屋之前，申東赫在托蘭斯的第一年，多半住在一間老舊、過度擁擠的三房花園公寓裡，那是自由北韓租來的，位於一個叫可諾克腓力普斯／托倫斯油罐區的巨大貯油庫附近。

自由北韓之所以從華盛頓特區搬到托蘭斯，是為了找到租金更便宜的地方，以及專注於建立草根運動。它認為在南加州比較容易招募被稱為「遊牧者」（Nomads）的年輕志工，並為他們提供住處。他們在托蘭斯受訓，然後去美國各地辦說明會，讓外人進一步認識北韓破壞人權的情況。

在申東赫待在加州的第二個夏天即將結束時，一位接受遊牧者訓練的新志工是哈琳．李，她是一個苗條而迷人的女孩，在首爾出生，四歲時和家人一起移民到美國。

她在西雅圖郊區上中學，當她第一次在YouTube影片中看到申東赫時，她是華盛頓大學社會學系二年級的學生。在這段影片裡，申東赫在加州山景的一間禮堂演講，而且正在回答谷歌員工那些有關他的生命的問題。哈琳．李也讀到了我在《華盛頓郵報》所寫的有關申東赫的那篇報導，裡面引述他的話說，他想要找一個女朋友，但不知怎麼找。

哈琳．李會說韓文和英文，曾去南韓為一個關注北韓的民間組織當短期翻譯員。大學三年級時，她決定休學，以便全力投入北韓的問題。她從網路得知自由北韓的遊牧者訓練課程，但是，一直到她前往托蘭斯展開訓練課程之前的前兩週，她才知道申東赫就住在托蘭斯。

搭機前往洛杉磯的途中，她無法不想申東赫。她把他視為名人，在飛機上，她祈求上帝讓他們能夠成為好朋友。在托蘭斯，她很快就看到申東赫騎腳踏車進入自由北韓的辦公室，而她決定找一個時間和地點和他好好聊一聊。他們立即喜歡上對方，那時他二十七歲，而她二十二歲。

自由北韓嚴禁北韓難民和實習生約會，後者多半是大學生的年紀，而且遠離父母。這條規定的目的是保護實習生和難民，並減輕遊牧者課程所帶來的管理問題。

申東赫和哈琳．李不理會這條規定。當自由北韓警告他們，在哈琳．李完成實習訓練之前，他們不得約會，他們兩人都感到非常憤怒。哈琳．李威脅著退出訓練，她告訴我：「我們認為絕對有必要讓大家知道，這個規定是錯誤的。」

申東赫認為，這個警告是針對他個人的侮辱。他抱怨自由北韓採取雙重標準，把他當成次等人，並強調他的好友安迪．金也和一位實習生約會。申東赫告訴我：「因為他們看不起我，所以他們認為，他們可以控制我的私人生活。」

去了一趟南韓，並經過幾個月的思考，申東赫離開自由北韓，而他和哈琳的關係，不是雙方決裂的唯一理由。哈娜．宋感到很失望，因為有時候，申東赫不願負起責任，認為他應該得到特別待遇。她也認為申東赫沒有努力學英文，這一點局限了他在美國演講的能力。在居住問題方面，雙方也出現溝通不良的情況。申東赫聽說，自由北韓無法再為他提供住處，而哈娜．宋說，她曾告訴申東赫，他必須自己找住處。

或許，緊張關係是無可避免的，而這也不是什麼不尋常的事。在南韓，北韓叛逃者常常辭掉工作，宣稱他們被迫害。在南韓的安置中心哈納文的職業顧問說，在適應新生活的過程中，北韓人所面臨的長期問題包括：在工作場所疑神疑鬼、以激烈方式辭職，以及老是覺得被出賣。許多北韓人從來沒有重新站起來過。

在美國也出現類似的模式。克里夫・李是在韓國出生的美國人，住在維吉尼亞州的亞歷山大，最近幾年曾為幾個北韓人提供住處，而他也在這些北韓人的適應問題中看到一個模式：「他們知道，他們在北韓所聽到的一切都是謊言，所以在美國，他們很難相信任何組織所說的話。」

當申東赫決定離開自由北韓，哈娜・宋覺得很傷心。她責怪自己在申東赫剛剛抵達加州時，沒有要求他為自己負起責任。她說她最擔心的，是不知道申東赫對於他接下來的日子，有什麼打算。

後記

無法逃脫的祖國

在二〇一〇年二月，即申東赫與自由北韓決裂後數天，他從西岸搭機到華盛頓州，搬入哈琳．李及和她父母位於撒曼米許的家。那是西雅圖的一個郊區，位於喀斯開山脈的西部山麓丘陵地帶。

他突然搬到西雅圖了，這讓我感到很訝異。和他在洛杉磯的朋友一樣，我也擔心他太衝動，沒來由地自斷後路。但是，他的遷移當然讓我更加容易和他見面。我碰巧來自華盛頓州，離開東京和《華盛頓郵報》後，我搬回西雅圖寫這本書。當申東赫打電話到我家，並以不流利的英文告訴我，他已經變成我的鄰居，我邀請他來我家喝茶。

我們和合作差不多結束了，而申東赫也信守承諾，讓我探索他過去最黑暗的角落。但我還需要知道一些；我想要更了解他對於來有什麼期望。當他和哈琳坐在我家客廳的沙發上，我問他們，是否可以去他們家看看。我想見見哈琳的父母。

中東赫和哈琳太客氣了，並沒有拒絕我，只說他們家太亂，等到他們找到合適的時間，會和我聯絡。雖然沒有明說，但是他們讓我明白，他們希望我漫長的「偵訊」可以告一段落，而且很快就告一段落。

中東赫和哈琳創立了一個叫「北韓自由組織」的兩人民間團體。他們希望藉由外界的捐獻來資助這個團體，而中東赫也打算發表許多演說。他們有一個目標遠大的任務：設立庇護所來收容越過邊界、進入中國的叛逃者，並偷偷將反政府的宣導手冊帶入北韓。中東赫說，為了達到這目標，他兩度去到中國境內的邊界地區，而且打算再去一次。我問他，是否擔心在中國遭到綁架或逮捕，據說北韓特務會到中國追捕並綁架叛逃者。中東赫回答說，他有南韓護照提供保護，而且他一直十分謹慎。然而，對於那些警告他不要去中國的朋友而言，這個答覆並不令人十分滿意。

羅威爾和琳達·戴伊是一對住在哥倫布的夫妻，在二〇〇八年讀到我所撰寫的第一篇有關中東赫的報導後，他們邀請中東赫來美國，並負擔他的旅行費用。當他們聽說中東赫離開自由北韓，搬到西雅圖，他們都很失望也很擔心。這對夫婦和住在河濱郡的金家都告訴中東赫，創立新的民間團體是一個風險極高的主意，但是，如果他繼續和一個基礎穩固、資金充裕的組織合作，他將能夠發揮更大的功效。

中東赫和戴伊夫婦建立了親密的關係，他稱他們為「父母」，也認真考慮他們的擔憂。搬到西雅圖後，他接受邀請去哥倫布，在他們家住了幾個星期，而哈琳則留在西雅圖的家。

戴伊夫婦希望幫助申東赫訂立一個管理未來生活的計畫。羅威爾是一名管理顧問，他相信申東赫需要經紀人、財務管理人和律師。但是在哥倫布，他和申東赫並沒有認真談過話，而部分原因是，申東赫按照西雅圖的時間作息，一直睡到接近中午才起床，晚上又和哈琳透過網路電話聊到三更半夜。

「他告訴我，他真的很愛哈琳，」羅威爾說：「這就是他的情況，哈琳帶給他快樂。」

當申東赫回到西雅圖，我再度和他及哈琳見面。他們說，他們家仍然很亂，不適合接待我，所以，我們在星巴克喝咖啡。當我問他們，他們的關係有什麼進展，哈琳臉紅、微笑，並柔情地望著申東赫。

申東赫沒有微笑，他不想談這件事。

我繼續追問。我提醒他，他常常告訴我，他認為自己無法愛別人，當然也無法結婚。他是否改變主意了？

「我們必須先工作，然後才能考慮其他事，」他說：「但是工作完成後，我們有進一步發展的希望。」

這段關係沒有成功。搬入哈琳家六個月後，申東赫打電話告訴我，他們分手了，而他不想談論分手的原因。隔天，申東赫搭機到俄亥俄州，住在戴伊夫婦的家。他不確定接下來要做什麼，也許他會回到南韓。

當申東赫仍然住在西雅圖地區，他邀請我去位於西雅圖北郊的一間韓裔美國人長老教會。他將在那裡演講，他很希望我去聽這場演說。在一個寒冷、下雨的星期日早晨，我提早幾分鐘來到那間教會，他已經在等我了。他用雙手握住我的手，直視我的眼睛，並叫我坐在靠近前面的長椅上。他穿著一套灰色西裝，一件領口敞開的藍色禮服襯衫，以及一雙擦得亮晶晶的黑色樂福鞋，我不記得曾經看過他穿得這麼正式。教會擠滿了人。

在會眾唱了詩歌，牧師作了禱告後，申東赫大步走到教會前面，掌控整個晚上的聚會。他整整說了一個小時，沒有看筆記，也沒有顯露任何緊張的跡象。起先，他刺激那些聽眾，那些韓國移民和他們在美國長大的孩子。他堅稱金正日比希特勒更壞，因為希特勒攻擊敵人，但是，金正日讓自己的人民在十四號勞改營這類地方做苦工，直到喪命。

抓住會眾的注意後，申東赫說，他就像一個掠食者，勞改營的守衛教導他告發家人和朋友，而且不必自責。他說：「我腦裡只想著一件事：若要生存，我就必須掠奪別人。」

申東赫向會眾坦承，在勞改營裡，當他的老師因為在一位六歲同學的口袋裡發現五粒玉米，而將她活活打死時，他「沒有去多想這件事」。

他說：「我不知道同情或難過是什麼。打從我們出生起，他們就告訴我們，我們無法擁有正常的人類感覺。現在我逃出來了，而我正在學習成為一個有感覺的人。我已經學會哭泣，我覺得我漸漸變成一個人了。」

但是申東赫解釋說，他還有一段很長的路要走。他說：「我的身體逃出來了，但我的心還沒有逃出來。」演講即將結束，申東赫描述他如何從朴永哲燜燒中的屍體爬過去。他說他逃離十四號勞改營的動機並不崇高，他並非渴望自由或政治權利，他只是想吃肉。

申東赫的演說讓我大吃一驚。當我想到六個月前在南加州看到的那位缺乏自信、語無倫次的演說者，我簡直認不出現在的他。他已經能夠控制自我厭惡感，並且能夠使用這種感覺，來控告國家毒害他的心、殺死他的家人。

後來我得知，他的懺悔演說是刻意努力的結果。申東赫已經注意到，他那種有一搭沒一搭的問答式演說，會讓聽眾昏昏欲睡，所以，他決定聽從他已經抗拒多年的忠告：擬好演講大綱，針對聽眾的反應進行修改，並且把他想說的話背起來。他曾經獨自待在一個房間裡琢磨演說技巧。

這些預備得到了回報。那一晚，聽眾坐立不安，臉上充滿不舒服、厭惡、憤怒和震驚的表情，還有人淚流滿面。結束演講時，申東赫告訴會眾，如果一個人拒絕保持沉默，也許就能協助解放成千上萬留在北韓勞改營的人。聽到這席話，整間教會爆發如雷的掌聲。

也許在生命中，申東赫還無法掌控他的過去，但是在那場演講中，他的確掌控了他的過去。

二〇一一年，申東赫放棄美國，搬回南韓，在首爾買了一間小公寓。他在南韓覺得比較自在，因為在那裡，他沒有語言和食物的問題，又有一小群年輕的人權活躍分子陪伴在他身旁。申東赫和這些人創立了一個每週一次的網路廣播節目，邀請最近的叛逃者談論他們在北韓的生活，並解釋他們逃離北韓的原因。

申東赫戴著一副時髦的眼鏡，看起來像一個前衛派學者。他是「北韓內幕」的共同主持人，這個節目的部分內容被上傳到YouTube上，並附上英文字幕。在攝影機前，他冷靜沉著、親切隨和，而且充滿好奇心。雖然節目的主角不是他，但他偶爾會發表尖銳的個人政治評論。在一個節目上，他說北韓的獨裁者如果「想要活命，就必須向全世界承認他們犯下的暴行，並鞠躬道歉……」

《逃出十四號勞改營》第一版問世後，記者找到了申東赫，他們想要知道有關他母親的事，想知道他為什麼出賣她？為什麼在這件事上說謊？為什麼選擇在這本書裡說實話？申東赫知道別人遲早會問他這個問題，而他盡他所能來回答。

他告訴《華爾街日報》記者伊凡．朗斯塔德和申秀雅：「以前，我從勞改營囚犯的觀點來思考，我不太了解友情和家庭這類基本東西。回顧這件事讓我很痛苦，但是，解決這個問題的最佳方式，就是說出一切而不是隱藏。我開始覺得，我必須為我母親的死亡負責，我開始認為這是我的罪。我想要向她道歉，即使她已經不在人世。我說出這件事的目的，就是請求她原諒。」[1]

1 Evan Ramstad and Soo-Ah Shin（申秀雅），"A Conversation with Shin Dong-hyuk," 二〇一二年三月廿六日華爾街日報。

這本書出版後一個星期，申東赫搭機到華盛頓特區，在一個國際會議上發表有關勞改營的談話。[2]在一間擠滿美國和南韓學者、記者以及政府官員的演講廳裡，他提出另一個理由，來解釋他為什麼會揭露自己出賣母親的冷酷罪行。他說他想要讓世界明白，北韓持續在十四號勞改營這類的監獄培育童奴，並將他們洗腦，而這些孩子和他一樣，完全不了解人類情感。他的一席話讓聽眾陷入震驚和沉默。

為了影響廣大的群眾，申東赫投注大量的心血和努力，而他的成功遠遠超過預期。《逃出十四號勞改營》變成一本國際暢銷書，被譯成十九種語言，包括韓文和中文。這本書的摘錄出現在英國的《衛報》、美國的《華爾街日報》、線上「大西洋月刊」、法國的《世界報》，以及德國的《明鏡週刊》。英國廣播公司第四電臺以一週時間播出這本書的戲劇性朗讀，而申東赫辛苦地應付緊湊的訪談行程，會見世界各地的報紙、電臺和電視臺記者，有時一天就必須接受七次訪問。

他變成了北韓古拉格的代表人物，雖然這件事讓他覺得丟臉，也讓他筋疲力盡。重要人物都知道他的名字，在美國納粹大屠殺紀念博物館發表演說時，美國國務卿希拉蕊・柯林頓特別

2 "Hidden Gulag Second Edition: Political Prison Camps Conference," Committee for Human Rights in North Korea, Washington D.C., April 10, 2012. Hosted at Peterson Institute for International Economics, http://www.hrnk.org/events/events-view.php?id=2.

提到他，並說他「已經立定一個生命目標：讓全世界注意北韓的狀況。」[3]南韓總統李明博告訴美國國會議員，北韓破壞人權的問題，比飛彈或核武問題更重要。[4]對塞爾維亞獨裁者米羅塞維奇的戰爭罪行提出起訴的首席檢察官，引用申東赫的故事，呼籲聯合國安理會授權調查北韓違反人道的罪行。[5]《經濟學人》譴責世界和它自己沒有認真看待北韓問題。

《逃出十四號勞改營》出版後，《經濟學人》的一篇社論說：「或許北韓令人髮指的殘酷暴行麻木了道德上的憤慨。當然，將這個政權嘲諷成外星怪物的政權，比對抗它所施加的苦難更為容易（經濟學人感到內疚）。然而，殺人、奴役、強迫人口遷移、酷刑、強暴——北韓的這一切暴行，幾乎全部可以視為違反人道的罪行。」[6]

當這本書出現在世界各地的書店，申東赫在世界各地旅行，解釋他在勞改營所做的事，並提醒世人，勞改營仍然持續運作著，仍在培育奴隸，並訓練告密者。幾乎天天都有記者問他，是否擔心北韓會試圖除掉他。這不是一個沒有根據的問題。至少有三次，平壤派遣刺客暗殺話太多的叛逃者。其中兩次失敗了，但是南韓政府說，在一九九七年，北韓特務在首爾開槍殺死

---

3 Hillary Rodham Clinton, "Remarks at the U.S. Holocaust Memorial Museum Forward-Looking Symposium on Genocide Prevention," Washington, D.C., July 24, 2012, http://www.state.gov/secretary/rm/2012/07/195409.htm.
4 Lee says N. Korea Human Rights More Urgent Than Nukes," Agence France-Presse, May 23, 2012, http://bit.ly/Jdcd9L.
5 Geoffrey Nice and William Schabas, "Put North Korea on Trial," 二〇一二年四月廿五日紐約時報。
6 "Never Again?" 二〇一二年四月二十一日經濟學人雜誌（*The Economist*）。

李漢英。這個人是金正日一位前妻的侄子，常常直言不諱地批判北韓政府。[7]

《逃出十四號勞改營》出版後不久，北韓出面斥責人權批判者。官方的朝鮮中央通訊社宣稱：「（北韓的）軍隊和人民絕不容許美國以『人權問題』的名義，擊倒神聖不可侵犯的社會主義制度。」[8]然後語帶威脅說，北韓會報復叛逃者和人權活躍分子：「膽敢傷害（北韓）最高領導人的威嚴者，不會安然無事，不管他們在哪裡。他們將無法逃過殘酷無情的懲罰……」[9]

回答有關自身安全的問題時，申東赫面不改色，他不害怕。他說在北韓的古拉格關閉之前，在所有關在裡面的囚犯獲得釋放之前，他不會停止談論他在十四號勞改營的遭遇。

---

7 Choe Sang-hun（崔相勳），"South Korea Arrests 2 From North in Alleged Assassination Plot," 二〇一〇年四月二十一日紐約時報。

8 KCNA Urges U.S. to Mind Its Own Serious Human Rights Issues," Korean Central News Agency, May 15, 2012,http://www.kcna.co.jp/item/2012/201205/news15/20120515-11ee.htm

9 DPRK Will Take Corresponding Measures Against Terrorism," Korean Central News Agency, July 31, 2012, http://www.kcna.co.jp/item/2012/201207/news31/20120731-27ee.htm.

附錄

十四號勞改營的十誡

在勞改營的學校，申東赫必須默記這些規定，守衛也經常命令他將這些規定背出來。

一、不要試圖逃跑

逃跑被逮的人，將立即遭到槍決。

知道有人試圖逃跑，但沒有報告者，將立即遭到槍決。

目睹有人試圖逃跑時，必須立即告知守衛。

禁止眾人聚集、計畫或嘗試逃跑。

二、禁止兩名以上的犯人聚集

如果兩名以上的犯人沒有獲得守衛許可，就聚集一處，這些人將立即遭到槍決。

擅自闖入守衛的村子或損壞公共財產者，將立即遭到槍決。

犯人集會的人數，不可超過負責的守衛許可的人數。

在工作以外，如果沒有取得許可，沒有任何一群犯人可以聚集在一起。

在夜間，如果沒有事先取得許可，不能有三名以上的犯人一起走動。

三、禁止偷竊與持有武器

任何被發現偷竊或擁有武器的人，將立即遭到槍決。

若有人沒有檢舉偷竊或持有武器者，或者協助偷竊或持有武器者，此人將立即遭到槍決。

偷竊或藏匿食物者，將立即遭到槍決。

刻意損壞勞改營使用的任何物品或工具者，將立即遭到槍決。

四、犯人必須無條件服從守衛

對守衛懷著惡意或攻擊守衛者，將立即遭到槍決。

沒有完全服從守衛的指示者，將立即遭到槍決。

不可對守衛頂嘴，或向守衛抱怨。

遇見守衛時，犯人必須恭恭敬敬地鞠躬。

五、看見逃亡者或可疑人物時，必須立即檢舉

為逃亡者提供掩護或保護者，將立即遭到槍決。

若有人持有或隱藏逃亡者的所有物，或與逃亡者共謀或者沒有告發，將立即遭到槍決。

六、犯人必須彼此監視，必須立即檢舉任何可疑的行為

每一位犯人都必須觀察別人，並且保持警覺。

必須仔細觀察別人的言行舉止，看見任何可疑的事物時，必須立即告知守衛。

犯人必須盡責地參加意識形態鬥爭會，必須嚴厲批評別人和自己。

七、犯人必須完成每日規定的工作量

沒有完成規定的工作量者，將被視為心懷不滿，將立即遭到槍決。

每一個人犯人都必須為自己應該完成的工作量，擔負起完全責任。

完成規定的工作量是為了洗罪，以及報答國家對犯人的恕罪之恩。

不可改變守衛所分配的工作量。

八、在工作場所以外，男女不可為了個人理由而接觸

沒有事先獲得許可就發生性行為者，將立即遭到槍決。

在工作場所以外，如果沒有事先獲得許可，男女不可交談。
如果沒有事先獲得許可，不可到異性的盥洗室。
如果沒有特殊理由，男女不可牽手或睡在一起。
如果沒有事先獲得許可，犯人不可到異性犯人居住區。

九、犯人做錯了事，必須確實悔改

不認罪或否認罪行，或提出離經叛道的看法者，將立即遭到槍決。
犯人必須深刻反省自己對國家和社會犯下的罪，並且努力洗罪。
惟有認罪並深刻反省自己的罪，犯人才能重生。

十、違反勞改營的法令和規定的犯人，將立即遭到槍決

犯人必須確實將守衛當作老師，遵守勞改營的十項規定，讓自己藉由辛勤勞動和紀律，
洗掉過去的一身罪惡。

謝辭

當然，如果沒有申東赫的勇氣、智慧和耐心，本書不可能寫成。有兩年時間，他花時間並忍受痛苦訴說他的故事，道出一切可怕的細節。

我也想要感謝麗莎·珂拉克夏，她是美國北韓人權委員會的委員，也是最先和我談到申東赫的人。《經濟學人》的記者肯尼思·庫克爾告訴我，必須有人將申東赫的故事寫成一本英文書，他也針對如何寫這本書提供了建設性的建議。

由於我不會說韓文，所以我必須倚賴翻譯。我要感謝首爾的史蒂拉·金和珍妮佛·趙、徐尹仲和布萊恩·李與東京的山本亞希子協助我寫報導。以及支援。南加州的大衛·金是出色的翻譯員，也是我和申東赫的朋友，他針對本書提出許多建議。

在托蘭斯，自由北韓的哈娜·宋和安迪·金幫助我了解申東赫如何適應美國生活。哈娜·宋花也為我和申東赫處理後勤工作。西雅圖的哈琳·李也幫了我的忙。在俄亥俄州的哥倫布，羅威爾和琳達·戴伊為我提供觀點和建議，他們幫助過申東赫，而他把他們視為父母。

我要感謝華盛頓彼得森國際經濟研究院的副院長馬可士・諾蘭，他引導我去了解北韓的內幕。花許多時間為我提供專業見解，他和史蒂芬・哈克德合作進行的北韓研究，是我主要的資訊來源。此外，吳孔丹幫助我了解從申東赫以及其他北韓人得到的資訊，她是維琴尼亞州亞曆山卓的美國國防分析研究院的研究員，她和北韓丈夫所寫的書，也為我提供極為寶貴的幫助。在首爾的國民大學從事北韓研究的教授安德烈・蘭科夫，總是樂意和我分享他的見解。

兩位孜孜不倦的部落客，為我提供有關北韓經濟、領導人、軍事和政治的最新資訊和分析。他們分別是「一個自由韓國」的約書亞・史丹頓，以及「北韓經濟觀察」的寇蒂斯・梅爾文。此外，芭芭拉・德米克的好書《我們最幸福：北韓人民的真實生活》，是我了解北韓人民想法的主要來源。

我特別感謝首爾的「北韓人權資料庫中心」，這個機構出版了申東赫的韓文回憶錄，並且大方鼓勵他和我合作。此外，韓國律師學會出版的《二〇〇八年北韓人權白皮書》，也是寶貴的資訊來源。

《隱藏的古拉格：揭露北韓的監獄勞改營》的作者大衛・霍克和我分享他的專長和研究，他也是讓外人注意北韓勞改營的存在和運作的最重要人士。我也感謝蘇珊娜・肯爾特，她在世界各地帶領北韓人權運動。在西雅圖，阿爾卡斯（微軟 Bing 地圖架構長）提出敘述方面的精明見解，而山姆（《噴氣式時代》作者）則為我提供報導上的建議。

我的經紀人拉菲爾以出色的專長讓這本書得以問世，《華盛頓郵報》的編輯差遣我到亞洲，建議我深入探索北韓內幕。當我猶豫不決，他們給我鼓勵。也對我提出嚴格要求，並大力支持。總裁唐納德先生也非常關注北韓的情況，當我寫出有關北韓的有趣報導，他總是對我多加鼓勵。

最後，我要感謝我的妻子潔西卡，撰寫本書時，她扮演了一個重要的角色。除了閱讀和校訂這本書，她也讓我相信，說出申東赫的故事，是我所能做的一件最有意義的事。我的孩子露西安達和安諾針對申東赫的生命故事提出許多好問題。他們無法理解北韓的暴行，但是他們認為，申東赫是一個了不起的人物。我也有同感。

http://www.igpublish.com.tw service@igpublish.com.tw

MORE 002

逃出14號勞改營

從人間煉獄到自由世界的脫北者傳奇

ESCAPE FROM CAMP 14

作者／布雷恩・哈登
譯者／吳美真
發行人暨社長／呂錦珍
副社長暨總編輯／王秀珍
責任編輯／李亮瑩
封面設計／吉松薛爾

出版者／智園出版有限公司
地址／台北市南京東路 4 段 25 號 8 樓
電話／（02）2717-0828
傳真／（02）2717-5668
劃撥帳號／50123896　**戶名**／智園出版有限公司

製版印刷／龍虎電腦排版（股）公司
總經銷／大和書報圖書股份有限公司
初版一刷／2013 年 02 月
初版二刷／2013 年 03 月
初版三刷／2013 年 04 月
定價／320 元
ISBN／978-986-6126-32-1
書號／D002

國家圖書館出版品預行編目資料

逃出14號勞改營：從人間煉獄到自由世界的脫北者傳奇 / 布雷恩．哈登(Blaine Harden)著；吳美真譯.
-- 初版. -- 臺北市：智園，2013.02
面；　公分. -- (More; 2)
譯自：Escape from Camp 14: one man's remarkable odyssey from North Korea to freedom in the West
ISBN 978-986-6126-32-1（平裝）

1. 申東赫　2. 傳記　3. 集中營　4. 政治犯　5. 北韓

579.46　　101024060

請於此處用膠水黏貼

讀者回函卡

感謝您購買本書，請費心填寫此回函卡，我們將不定期寄上最新的出版訊息。
您的任何意見都是我們成長進步的最佳動力。

姓名／＿＿＿＿＿＿＿＿ □先生 □小姐

生日／＿＿年＿＿月＿＿日　　曾購買本社叢書？□是 □否

聯絡電話／＿＿＿＿＿＿＿＿　手機／＿＿＿＿＿＿＿＿

E-mail／＿＿＿＿＿＿＿＿＿＿＿ □訂閱電子報

住址／＿＿＿＿＿＿＿＿＿＿＿＿＿＿＿＿

＿＿＿＿＿＿＿＿＿＿＿＿＿＿＿＿＿＿＿

學歷／□高中以下（含高中）□專科 □大學 □碩士 □博士

職業／□管理 □製造 □行銷 □財務 □資訊 □創意 □文化 □傳播 □金融 □行政
□教師 □學生 □其他

職稱／□一般職員 □中階主管 □高階主管 □負責人

您對本書的建議／＿＿＿＿＿＿＿＿＿＿＿＿＿＿

＿＿＿＿＿＿＿＿＿＿＿＿＿＿＿＿＿＿＿

主題內容／□滿意 □尚佳 □不滿意，建議／＿＿＿＿＿＿＿＿

譯者文筆／□滿意 □尚佳 □不滿意，建議／＿＿＿＿＿＿＿＿

內文編排／□滿意 □尚佳 □不滿意，建議／＿＿＿＿＿＿＿＿

封面設計／□滿意 □尚佳 □不滿意，建議／＿＿＿＿＿＿＿＿

您喜歡閱讀的書籍類別／＿＿＿＿＿＿＿＿＿＿＿＿

□親子教養 □人物傳記 □溝通勵志 □經濟商管 □行銷規劃 □趨勢創意 □身心保健
□職場成功 □人文關懷 □其他／＿＿＿＿＿＿＿＿

您如何得知本書消息／＿＿＿＿＿＿＿＿＿＿＿＿

□逛書店 □網路 □報紙 □雜誌 □廣播 □電視 □親友推薦 □電子報 □其他

您通常的購書方式／＿＿＿＿＿＿＿＿＿＿＿＿＿

□書店 □網路 □傳真訂購 □郵局劃撥 □團體訂購 □線上刷卡 □直銷 □其他

您對我們的建議／＿＿＿＿＿＿＿＿＿＿＿＿＿＿

＿＿＿＿＿＿＿＿＿＿＿＿＿＿＿＿＿＿＿

購買書名／＿＿＿＿＿＿＿＿　購買書店／＿＿＿＿＿＿＿＿

請於此處用膠水黏貼

廣	告	回	信
台北郵局登記證			
台北廣字第03567號			

10550

台北市南京東路4段25號8樓

智園出版有限公司 收

intelligence Garden

where thinking people thrive ...